禅思想史講義

小川 隆

春秋社

禅思想史講義

目次

開講にあたって　3

第1講　「北宗」と「南宗」――敦煌文献と初期の禅宗……11

1　伝灯の系譜と敦煌禅宗文献の発見　11
伝灯の系譜／敦煌文献の出土／敦煌禅宗文献の発見

2　「北宗」と「南宗」　26
則天武后と「東山法門」／神会の「北宗」批判／「師承是れ傍、法門是れ漸」／「北宗」の禅とは／「頓悟」と「漸悟」／神会の「定慧等学」説

3　保唐寺無住の禅　52
「只没に閑たるのみ」／一切が「活鱍鱍」

第2講　馬祖系の禅と石頭系の禅――唐代禅の二つの主流……63

1　馬祖系の禅　64
野鴨子の話――カモはどこへいった？／「即心是仏」／「作用即性」／

「平常無事」
2 石頭系の禅 85
「馬祖禅」への批判／不即不離の「我」と「渠」
3 盤珪と損翁 101
盤珪の「不生の仏心」／「驢前馬後の漢」
第3講 問答から公案へ・公案から看話へ——宋代の禅……113
1 宋代禅と公案 113
朱子の参禅／公案禅——「文字禅」と「看話禅」／
『汾陽頌古』から『碧巌録』へ
2 野鴨子の話と唐代禅批判 121
「平常無事」批判／「作用即性」批判
3 趙州の七斤布衫 126
「万法帰一」の話をめぐって
4 鉄饅頭を咬み破る 131
公案参究とは／「仏法商量」と「仏法旨趣」

5 活句と死句 143
「無事」を打破する「活句」
6 「山は是れ山、水は是れ水」――宋代禅の円環の論理 146
「大徹大悟」の重視／圜悟の円環の論理とは
7 大慧の「看話禅」へ 154
「箇の話頭を看よ」／「看話」の完成
8 道元の中国禅批判 160
「本覚」と「始覚」をこえて／唐代禅への批判／宋代禅への批判／
「本証妙修」とは

第4講 「無」と「近代」――鈴木大拙と二〇世紀の禅……179
1 無字と隻手 180
『夢十夜』と「趙州無字」／白隠の禅――看話禅の体系化
2 大拙の禅体験 191
漱石、そして大拙・西田／大拙の見性体験／「ひじ、外に曲がらず」
3 大拙の禅思想 204

即非の論理／「山は山、水は水」／盤珪と妙好人／真空妙用／人／
「応無所住」と「而生其心」／「超個」と「個」
4　禅と近代文明　218
大拙の体用論／「空虚」ゆえの「根底」――日本文化の特性／
「文明社会への対抗原理」としての「禅」
5　大智と大悲　229
「悲即智、智即悲」／「衆生無辺誓願度」の祈り
講義のあとで――読書案内　237

禅思想史講義

開講にあたって

みなさん、こんにちは！
これから次の四回に分けて、禅の思想の流れをお話しします。

第１講　初期の禅
第２講　唐代の禅
第３講　宋代の禅
第４講　二〇世紀の禅

ここで目指すのは、網羅的な通史でも、過不足ない教科書ふうの概説でもありません。最低限の事項だけで禅宗の思想史の流れを大づかみに——最近の若い人の言い方でいうと、「ざっくり」と——ご紹介する、それがこの講義の目標です。精密な写実画のように、ではなく、太い線で一気に描いた一筆書きの似顔絵のように、禅の思想史を描き出せたらと願っています。

さて、みなさん、「禅」と聞いて、どんなイメージを思い浮かべられますか?

今まで縁もゆかりもなかったので、イメージも何もない、というのがふつうでしょうか。

でも、最近は、かのスティーブ・ジョブズ氏との関係から「禅」に関心をもったという人も多いですね。「iPad」「iPhone」などの「i」が小文字なのは、自我、すなわち常に大文字で書かれる「I」の否定、そんな仏教的思想の表現だという説があるそうです。中国の留学生がネットで見つけて教えてくれました。ほんとうでしょうか……?

あるとき授業で、「禅」と聞いて思い浮かぶものを何でも自由に書いてください、というアンケートをやったことがありました。一人の女子学生の回答に、こういうのがありました。


――山のなかで静かに坐っていると、お坊さんが出てきて板でたたく。

小さいころに行った林間学校で、山寺の坐禅体験があった、その時の思い出なのだそうです。「棒」ではなくて「板」というところが、妙に感じが出ていて、いいですね。禅宗でいう警策《きょうさく》――「けいさく」とも読みます――は、たしかに先のほうが平たい面になっていて、パシーンといい音がします。テレビで坐禅の場面が出てくると、必ずといっていいくらい、このパシーンが出てきます。これがないと、坐禅の絵がキマらない。

さて「板」でたたくかどうかはともかくとして、「禅」とか「禅宗」と聞いて「坐禅」を思い浮かべる方は多いでしょう。たしかに国語辞典で「禅宗」を引くと、「座《ママ》禅によって悟りを開き、人生の真意義を悟ろうとする、仏教の一派」といった説明がふつうです（三省堂『新明解国語辞典』第五版）。国語辞典だけでなく、有名な仏教辞典にもこんなふうに書かれています。

【禅宗】ぜんしゅう　坐禅・内観の法を修めて、人間の心の本性をさとろうとする宗派をいう。……（中村元『仏教語大辞典』）

しかし、この説明は、少なくとも禅宗文献を読んだ印象とはひどくかけ離れています。中国の禅の語録を読んでみると、むしろ、こういう考えに反対するところから禅宗が起こっていることがわかります。むろん、語録には坐禅をしていた時の問答も出てきますし、禅僧が坐禅の作法や心得を記した著述も、歴代数《かず》多くのこされています。ですから、禅僧が坐禅をしなかったということではまったくないし、禅宗における坐禅の重要性を否定するつもりも毛頭ないのですが、しかし、にもかかわらず、中国の禅の語録を読んでゆくと、坐禅の解体と日常の営為の肯定、それこそが禅思想の基調であったのだと感じないわけにいきません。

たとえば、唐の時代の禅僧、南岳《なんがく》懐譲《えじょう》と馬祖《ばそ》道一《どういつ》の次の故事などは、そうした趣旨を示すものとして、最もよく知られたお話のひとつでしょう。

懐譲禅師が南岳にいた時のこと。若き日の馬祖が同じ南岳で庵をむすび、日々ひたすら坐禅につとめていた。そこへ懐譲禅師がたずねていって、問いかける。

「貴公、ここで何をしておられる?」

「坐禅です」

「坐禅して何をめざす?」

「仏と成ることです」

後日、懐譲禅師は、敷がわら――「甎《せん》」――を一枚もってゆき、馬祖の庵の前でゴシゴシと磨きはじめた。

馬祖、「そんなものを磨いて、どうなさいます?」

南岳、「ふむ、鏡にしようと思うてな」

「敷がわらを磨いて、なんで鏡になど、なりましょう?」

「ならば、坐禅して、どうして仏になれるのか?」

「で、では、どうすれば……?」

「牛に車をひかせるようなもの。車が止まったら、車をたたくがよいか、牛をたたくがよいか?」

馬祖はこの一言で悟り、証明を受けて、法を伝えられた。「馬が天下の人を踏み殺す」、そういった西天の祖師の予言どおり、南宗の禅は、江西の地にさかえたのであった。

（『禅林類聚』巻一六・鏡扇）

ここでの懐譲の答えは『大荘厳経論《だいしょうごんきょうろん》』という仏典の比喩にもとづいています。もとは、身体の苦行によって心の煩悩をおさめようとするのは、牛車が進まなくなった時、牛でなく車の方をムチ打つような見当ちがいの行為だ、という喩えでした。ここではそれが、自己がもともと仏であるのに、坐禅という作為によってわざわざ仏に成ろうとする、それこそ、とんだ見当ちがいだという喩えに転用されています。

この趣旨は、唐の『寒山詩《かんざんし》』の一首にも次のように詠みこまれています。『寒山詩』はどの詩も無題ですが、ここに「作仏《さぶつ》――仏となるということ」という題を付けてみると、一首の趣旨がよく解ります。寒山はうたいます。仏となろうとすることは――

砂を蒸して飯を作ろうとし
喉《のど》が渇《かわ》いてから井戸を掘るようなもの
力づくで碌甎《しきがわら》を磨いてみたところで
鏡になろうはずもない
御仏《みほとけ》もお説きになっている　もともと平等で

すべてのものにひとしく　法の真実が具わっておるのだと
ただそのことだけを　よく考えよ
むなしく競うは　要《い》らぬことゆえ

蒸沙擬作飯　沙《すな》を蒸して飯《めし》を作らんと擬《ほっ》し
臨渇始掘井　渇《かわ》きに臨《のぞ》みて始めて井《いど》を掘る
用力磨碌甎　力を用いて碌甎《ろくせん》を磨くも
那堪将作鏡　那《なん》ぞ将《も》って鏡と作《な》すに堪《た》えん
仏説元平等　仏は説けり　元《もと》より平等《びょうどう》にして
総有真如性　総《すべ》て真如《しんにょ》の性《しょう》有りと
但自審思量　但自《ただ》　審《つまび》らかに思量《しりょう》せよ
不用閑争競　閑《いたず》らに争《あらそ》い競《きそ》うを用いざれ

（入矢義高『寒山』岩波書店・中国詩人選集五、頁一六二）

ここでは、坐禅して、悟りを開いて、仏に成る――そういう考え方が、「甎《せん》」を磨いて「鏡」にしようとするような顛倒だと一蹴されています。

「仏は説けり　元《もと》より平等《びょうどう》にして　総《すべ》て真如《しんにょ》の性《しょう》有りと」、そううたわれているとおり、何人にも完全なる本来性が具わっていて、その本来性ゆえに人は仏と同質なのだ、というのが、中国禅の大前提です。

南岳禅師のことばも、「仏に成る」という目的に対して「坐禅」という手段が無効だとか不適切だとか言っているのではありません。自身がもともと仏である。だのに、その上さらに「仏に成る」という目的を設ける、そのこと自体がそもそも見当ちがいだと言っているのです。坐禅して、悟りを開いて、仏でないものが仏に成る――中国の禅宗は、そういう考え方に対する反措定として発展していったものでした。単純に割り切っていえば、「自己が仏に成る」という考え方を「自己は仏である」という考え方に転換したところ、そこにこそ中国禅宗の主眼があったと言えるでしょう。

自己は本来「仏」である、この共通の前提に立ちながら、その「本来性」をいかにとらえ、それをナマ身の自己の「現実態」といかに関係づけるか――「現実態」の自身のうえに、いかに「仏」としての「本来性」を体現し、自ら「仏」として日常を生きるか――その考えと方法の相違から、宗派の別や時代ごとの変化が生じていきました。うんと簡単にいってしまえば、ありのままの自己をそのまま「仏」として肯定するか、あるいは、ありのままの自己を否定しのりこえたところに「仏」としての本来の自己を見出そうとするか、その二本の軸の間のさまざまな対立や交錯や統合の運動が、禅の思想史を形づくってきたと言ってもいいでしょう。

この講義ではそのような観点から、禅宗の思想史を「ざっくり」お話ししてみたいと思います。

文中で、たとえば【資料1】と番号を付してワクでかこって提示してあるのは、講義のさいに配布された参考資料と思ってください。資料の原文と漢文の書き下しが載っていますが、内容はすべてそのワクの前に、かなり意訳した現代語訳で示してあります。講義に耳を傾けながら、原文が気になるところだけ、ちょこっと横目で見ていただければけっこうです。

＊原文はそれぞれの箇所に注記した校訂本・訳注本などからお借りしていますが、字体は原則的に通行の常用漢字にそろえ、句読その他の符号も自身の理解にもとづいて変更を加えています。訓読と現代語訳も、所掲の書物に多くを負いながらも、最終的には自分の責任で作成したものを掲示しています。ごくわずか、訳文そのものを先行の書物から拝借したところがありますが、その場合は、訳文の直後に引用させていただいた本の書名・頁数などが注記してあります。

第1講　「北宗」と「南宗」――敦煌文献と初期の禅宗

1　伝灯の系譜と敦煌禅宗文献の発見

伝灯の系譜

禅門の伝承において、禅の歴史は、「師資相承《ししそうじょう》」「以心伝心《いしんでんしん》」の系譜として語られてきました。師の心から弟子（資）の心へ、代々、直《じか》に、法そのものが伝えられていったということです。その過程は、一本のロウソクの火をもう一本のロウソクに移してゆくさまに喩えられて「伝灯《でんとう》」と呼ばれ、その継承関係は血統になぞらえて「法系《ほうけい》」「法脈《ほうみゃく》」などと称されます。その流れは、伝統的に、次のような枠組みで語り伝えられてきました。道元《どうげん》禅師の『辦道話《べんどうわ》』の一節です。

釈尊は霊鷲山《りょうじゅせん》で摩訶迦葉《まかかしょう》に法をさずけられ、それが仏祖から仏祖へと伝えられて菩提《ぼだい》達摩《だるま》尊者に至った。尊者は自ら中国におもむいて、慧可《えか》大師に法をさずけられた。これが、東土における仏法伝来の初めである。

このように一代から一代へと法が伝えられ、やがて第六代の祖師大鑑慧能《たいかんえのう》禅師に至った。そこで真の仏法が東土中国でもひろく行われるようになり、項目・分類にかかわらぬ真実そのものが明らかとなったのであった。

当時、六祖の下にお二人の高弟があった。南岳《なんがく》の懐譲《えじょう》禅師と青原《せいげん》の行思《ぎょうし》禅師である。いずれも仏法の証明を伝え、人間界・天上界の大導師たるお方であった。その二派が伝わってゆくうちに、五つの門流に展開された。法眼《ほうげん》宗・潙仰《いぎょう》宗・曹洞《そうとう》宗・雲門《うんもん》宗・臨済《りんざい》宗とよばれているものが、それである。現在、大宋国では臨済宗のみが天下にひろまっている。だが、五家《ごけ》の別はあっても、そこに伝えられているのは、ただ一つの仏心にほかならないのである。

【資料1】大師《だいし》釈尊、霊山会上《りやうぜんゑじやう》にして法を迦葉《かせふ》につけ、祖祖正伝して、菩提達磨尊者にいたる。尊者、みづから神丹国《しんだんこく》におもむき、法を慧可《ゑか》大師につけき。これ東地の仏法伝来のはじめなり。かくのごとく単伝して、おのづから六祖大鑑《だいかん》禅師にいたる。このとき、真実の仏法まさに東漢に流演《るえん》して、節目《せちもく》にか、はらぬむねあらはれき。ときに六祖に二位の神足《じんそく》ありき。南岳の懐譲《ゑじやう》と青原《せいげん》の行思《ぎやうし》となり。ともに仏印《ぶつちん》を伝持して、おなじく人天《にんでん》の導師《だうし》なり。その二派の流通《るづう》するに、よく五門ひらけたり。いはゆる法眼宗《ほふげんしゆう》、潙仰宗《ゐぎやうしゆう》、曹洞宗《さうとうしゆう》、雲門宗《うんもんしゆう》、臨済宗《りんざいしゆう》なり。見在《げんざい》、大宋には臨済宗のみ天下にあまねし。五家《け》ことなれども、たゞ一仏心印なり。（水野弥穂子校注『正法眼蔵』岩波文庫、一―頁一四）

はじめから見なれない名前がたくさん出てきますが、気にしないでください。これを簡単に図示すると、次のようになります。

釈尊―摩訶迦葉……菩提達摩―二祖慧可……六祖慧能

- 南岳懐譲……《潙仰宗》《臨済宗》
- 青原行思……《曹洞宗》《雲門宗》《法眼宗》

中国の学者、胡適《こてき》博士（一八九一―一九六二）は、一九五三年に台北で行った「禅宗史の新しい看かた（禅宗史的一個新看法）」という講演のなかで、禅の歴史に関する伝統的な理解を次のように要約しておられます。

インドに二十八人の祖師がいました。釈迦牟尼《しゃかむに》から始まるものです。釈迦牟尼はある日、法会《ほうえ》の場で一本の花を手にとり、そのまま黙っていました。みんなには何の意味だか解りません。そんななか、一番弟子の大迦葉《だいかしょう》〔摩訶迦葉〕だけがその意をさとり、にっこり微笑みました。釈迦牟尼はその笑顔をみて言いました、大迦葉はわしの意を解した、と。これが禅宗の始まりです。釈迦牟尼から大迦葉に〔法が〕伝えられ、それがさらに一代また一代と伝えられてゆき、菩提達摩まで伝わって、中国禅宗の第一祖となったのでした。

……（『胡適的声音 1919—1960：胡適演講集』広西師範大学出版社、二〇〇五年、頁一五七／〔 〕は引用者）

有名な「拈華微笑《ねんげみしょう》」の故事です。一本の花を介した沈黙と微笑みのうちに、真実そのものが、釈尊の心から迦葉尊者の心に、「以心伝心」で直に伝えられた、という伝承です。かくして迦葉尊者は第一代の祖師となり、こののち「西天《さいてん》」（インド）で、代々、法が伝えられ、やがて第二十八祖の菩提達摩《ぼだいだるま》に至りました（達摩は達磨とも書きます。ごくおおまかにですが、唐代の文献では「達摩」、宋代以降は「達磨」と書かれることが多いという傾向があります）。

達摩は師の命を受けて海路はるばる中国にたどりつきます。時は南北朝の時代。達摩はまず南朝の梁《りょう》の武帝《ぶてい》と対談しますが、話はモノ別れに終わります。そこで達摩は長江をわたって北上し、嵩山少林寺《すうざんしょうりんじ》に入りました。そこで「面壁九年《めんぺきくねん》」、壁に向かって、黙ったまま、九年間、坐禅をつづけました。

そこへ慧可《えか》という中国僧が訪ねて来て思いつめたようすで教えを乞います。しかし、達摩はなおも黙って坐ったまま、ふりむいてもくれません。そこで慧可はひそかに刀を取り出して自らの左ウデを断ち切り、切なる求道の一念を示しました。達摩はそこでようやく重い口を開き、問答のすえ、慧可に法を伝えました。雪舟《せっしゅう》の絵でも有名な「慧可断臂《えかだんぴ》」の一段です（「臂《ひ》」はウデのこと。「鉄腕アトム」の中国語訳は「鉄臂阿童木」といいます。「臂」をヒジという意味に使うのは日本語用法です）。

かくして達摩は「唐土《とうど》（東土）」つまり中国の初祖《しょそ》、慧可は第二祖となりました。その後、中国において「初祖達摩《だるま》―二祖慧可《えか》―三祖僧璨《そうさん》―四祖道信《どうしん》―五祖弘忍《こうにん》―六祖慧能《えのう》」と伝法が重ねられていきました（慧可・慧能の表記も、唐代は多く「恵可」「恵能」、宋代以降は多く「慧可」「慧能」と表記されます）。これをさきの「西天《さいてん》二十八祖」とあわせて「西天二十八祖、唐土（東土）六祖」「西天四七《ししち》、唐土（東土）二三《にさん》」などと総称します。

五祖から六祖への伝法についてはたいへん有名な物語がありますが、ひどくいりくんだ長い話になりますので、ここでは元の時代に編まれた『禅林類聚《ぜんりんるいじゅう》』という類書――禅の故事名言辞典みたいなもの――の短く要約された記述で見ておきましょう。ここで「嶺南《れいなん》」というのは、五嶺という山なみの南ということで、中国の最南、いまの広東省や広西チワン族自治区のあたりを指します。現在は上海につぐ経済発展の先進地域ですが、唐の時代には文化はつる未開野蛮の地と考えられていました。

六祖慧能大師《ろくそえのうだいし》は、家が貧しく、薪《まき》売りをして母を養っていた。縁あって、法を求めるため、はるばる五祖弘忍禅師《ごそこうにんぜんじ》のもとをたずねた。

五祖が問う、

「どこからまいった？」

「嶺南《れいなん》よりまいりました」

「何を求めてまいった？」

「仏となること、その一事にございます」

「嶺南の人間には仏性《ぶっしょう》が無い。どうして仏になどなれよう」

「人には南北の別がございます。しかし、仏性がそのようでありましょうか？」

五祖は慧能がただものでないことを見抜き、それゆえわざと「作業場に行って働け」と叱りつけた。慧能は作業小屋に行き、腰に石をくくりつけて米搗《こめつ》きをした。

あるとき五祖は修行僧たちに告げた、世尊《せそん》以来の袈裟《けさ》と正法《しょうぼう》を授けるゆえ、偈《うた》を作って提出するように、と。

そこで門下の首席、神秀《じんしゅう》大師が偈を提示した。

この身は菩提《さとり》の樹《き》
心は澄みし鏡《かがみ》の台《うてな》
つねに怠りなく　拭き清め
塵ほこり　つかせることのなきように

身是菩提樹　身《み》は是《こ》れ菩提《ぼだい》の樹《き》
心如明鏡台　心《こころ》は明鏡《めいきょう》の台《うてな》の如《ごと》し
時時勤払拭　時時《じじ》に勤《つと》めて払拭《ほっしき》し
莫遣惹塵埃　塵埃《じんあい》を惹《ひ》かしむる莫《なか》れ

慧能はこれを耳にし、合わせて次の一首を作った。

菩提《さとり》には樹《き》など無い
澄みし鏡《かがみ》の台《うてな》でもない
本来無一物《ほんらいむいちもつ》
どこに　塵ほこりなどありえよう

菩提本無樹
明鏡亦非台
本来無一物
何処惹塵埃

菩提《ぼだい》本より樹《き》無し
明鏡《めいきょう》も亦《ま》た台《うてな》に非《あら》ず
本来無一物《ほんらいむいちもつ》
何《いず》れの処《ところ》にか塵埃《じんあい》を惹《ひ》かん

五祖は黙ったまま、その深意を知った。夜、慧能を室内に呼び、ひそかに法の核心を告げ、伝法の証である袈裟と鉢《はつ》を授けた。そして、長江をわたり、大庾嶺《だいゆれい》を越え、南方の曹渓《そうけい》の地に帰ってわが「東山法門《とうざんほうもん》」を開示せよ、そう命ぜられたのであった。

【資料2】六祖大師、家貧売薪養母。因往五祖求法。祖問、「汝自何来？」師云、「嶺南来」。祖云、「欲須何事？」師云、「唯求作仏」。祖云、「嶺南人無仏性。若為得仏？」師云、「人有南北、佛性豈然！」祖知異器乃訶云、「著糟廠去」。師遂入碓坊、腰石舂米。因五祖示衆索偈、欲付衣法。堂中上座神秀大師呈偈、云、「身是菩提樹　心如明鏡台　時時勤払拭　莫遣惹塵埃」。師聞乃和之、云「菩提本無樹　明鏡亦非台　本来無一物　何処惹塵埃」。祖默而識之。夜呼師入室、密示心宗法眼、伝付衣鉢、令渡江過大庾嶺、南帰曹渓、開東山法門。（『禅林類聚』巻八・祖偈）

六祖大師《ろくそだいし》、家《いえ》貧しく、薪《まき》を売りて母を養う。因《ちな》みに五祖《ごそ》に往《ゆ》きて法を求む。祖〔五祖〕問う、「汝《なんじ》、何《いずれ》よりか来《きた》る?」師〔六祖〕云く、「嶺南《れいなん》より来る」。祖云く、「何事《なにごと》をか須《もと》めんと欲《ほっ》す?」師云く、「唯《た》だ仏《ほとけ》と作《な》ることを求むるのみ」。祖云く、「嶺南の人、仏性《ぶっしょう》無し。若為《いか》んが仏を得ん?」師云く、「人には南北《なんぼく》有り、仏性豈《あ》に然《しか》らんや!」祖、異器《いき》なるを知り乃《すなわ》ち訶《か》して云く、「糟廠《そうしょう》に著《つ》き去《ゆ》け」。師、遂《かく》て碓坊《たいぼう》に入《い》り、石を腰にして米を舂《つ》く。因みに五祖、衆《しゅ》に示して偈《げ》を索め、衣法《えほう》を付《さず》けんと欲す。堂中《どうちゅう》の上座《じょうざ》、神秀大師《じんしゅうだいし》、偈を呈す。云く、「身《み》は是《こ》れ菩提《ぼだい》の樹《き》　心《こころ》は明鏡《めいきょう》の台《うてな》の如《ごと》し　時時《じじ》に勤《つと》めて払拭《ほっしき》し　塵埃《じんあい》を惹《ひ》かしむる莫《なか》れ」。師聞《き》きて乃ち之に和《わ》す。云く「菩提《ぼだい》本より樹《き》無し　明鏡《めいきょう》も亦《ま》た台《うてな》に非《あら》ず　本来《ほんらい》無一物《むいちもつ》　何《いず》れの処《ところ》にか塵埃《じんあい》を惹《ひ》かん」。祖默《もく》して之《これ》を識《し》る。夜、師を呼びて入室《にっしつ》せしめ、密《ひそ》かに心宗《しんしゅう》の法眼《ほうげん》を示し、衣鉢《えはつ》を伝付《でんぷ》す。江《こう》を渡り大庾嶺《だいゆれい》を過ぎ、南のかた曹渓《そうけい》に帰りて、東山法門《とうざんほうもん》を開かしむ。

ほかにも「伝灯」の系譜にまつわるいろいろな物語がありますが、今はこれぐらいにしておきましょう。以上の話にいくらか人名を書き足して略図にすると、おおむね次のような系図ができます。見なれない名前がますますたくさん並んでいますが、これも気にしないでください。今は、とりあえず、「伝灯」の系譜という、こんな家系図のような形で禅の歴史が語り伝えられてきたんだなあ、と、そんなふうに思って眺めていただいたら充分です。禅宗では代々たくさんの書物が生み出されてきましたが、それらはみな、こうした枠組みを前提として編まれたものでした。

「西天二十八祖」

釈尊―（1）摩訶迦葉―（2）阿難……（28）菩提達摩（達磨）

「唐土六祖」

初祖菩提達摩（達磨）―二祖恵可（慧可）―三祖僧璨―四祖道信―五祖弘忍
- 神秀《北宗》
- 恵能（慧能）《南宗》

「五家」

六祖慧能
- 《南岳系》
  南岳―馬祖―百丈
  - 潙仰―仰山慧寂《きょうさんえじゃく》……《潙仰宗》
  - 黄檗―臨済義玄《りんざいぎげん》……《臨済宗》
- 《青原系》
  青原―石頭
  - 薬山―雲巌―洞山
    - 曹山本寂《そうざんほんじゃく》……《曹洞宗》
    - 雲居道膺《うんごどうよう》……
  - 天皇―龍潭―徳山―雪峰
    - 雲門文偃《うんもんぶんえん》……《雲門宗》
    - 玄沙師備《げんしゃしび》……法眼文益《ほうげんもんえき》《法眼宗》

敦煌文献の出土

ところが、二〇世紀に入るやいなや、こういう禅門の伝承を根底からくつがえす一大事件がおこりました。それは、敦煌《とんこう》禅宗文献の発見です。

もうすこし詳しくいうと、この大事件は二段階から成っています。第一は、まず、敦煌文献そのものの発見です。時は二〇世紀の初め、中国では清朝《しんちょう》末期の一九〇〇年――ほかの説もあるそうですが――敦煌の一つの石窟のなかから、王円籙《おうえんろく》というルンペン道士が大量の写本を発見しました。現在、第一六窟という番号を与えられている大きな石窟がありますが、その通路の壁の裏に小さな隠し部屋が見つかり、そのなかに中世の巻物が山と積まれていたのです。その小部屋は、現在、第一七窟という番号を付され、「蔵経洞《ぞうきょうどう》」とも呼ばれています。お経が収蔵されていた洞窟、ということですね。

発見のいきさつについては、使用人のタバコの煙が壁に吸い込まれていって……、とか、積もった砂を掃除したら突如壁が崩れ落ちて……、とか、いくつか異なった伝承があるそうです。いずれにしても、第三者が見ていたわけではありませんから、ほんとうのところは分かりません。

それからすこし経って、一九〇七年、まずイギリスの探検家スタインが訪れて王道士との虚々実々の駆け引きのすえ、相当量の写本を買い取ってロンドンに持ち帰り、一大ニュースとなりました。それを聞いたフランスの東洋学者ペリオが、翌年、敦煌にかけつけ、得意の中国語力を駆使して資料価値の高そうなものをよく吟味して選び出し、またまた、相当量の写本をパリに運び去りました。前者はスタイン本と呼ばれ「S.〜」という番号でロンドンの大英博物館に、後者はペリオ本と呼ばれ「P.〜」という番号でパリの国立図書館に、それぞれ整理・収蔵されています。

その後、のこったものが清朝政府によって接収され、北京の京師《けいし》図書館、今の中国国家図書館に収められました。また、日本の大谷探検隊やロシアのオルデンブルグ探検隊が入手したものもあり、ほかに民間に流出したものもかなりあります。大谷探検隊のものは旅順《りよじゆん》博物館に収蔵され、戦後ながらく行方知れずになっていましたが、近年発見されて、北京の国家図書館に収められました（そのなかには長年行方不明だった『六祖壇経《ろくそだんぎょう》』の写本も含まれていました）。

こういう経緯のため、敦煌文献は世界中に分散して収蔵され、その研究はすこぶる複雑で困難なものとなりました。その結果、世界的な広がりをもった「敦煌学《とんこうがく》」というきわめて国際的で多彩な学問分野が形成されることともなりましたが、しかし、一方、これは、中国側からいえば、たいへんな痛恨の歴史でもありました。北京に収蔵された敦煌文献の目録を、中国の著名な歴史学者陳垣《ちんえん》が『敦煌劫余録《とんこうごうよろく》』——劫《ぬす》みさられた余《のこ》りの目録——と名づけたこと、また、その書の序文で今一人の著名な歴史学者陳寅恪《ちんいんかく》が「或いは曰く、敦煌は吾が国学術の傷心史なり」と記したことは、しばしばとりあげられてきたところです。

敦煌禅宗文献の発見

さて、禅宗研究にとっての二〇世紀の大事件、その第二段階は、中国の学者胡適《こてき》がその敦煌文献のなかから未知の禅宗文献を多数発見したことです。胡適博士は、後年も当時のことをたびたび書いたり語ったりしておられますが、ここでは、一九五二年一二月に台湾大学で行った「学問の方法（治学方法）」という講演の一節をご紹介しましょう。「庚子《こうし》賠款」というのは義和団事件の賠償金のこと、庚子《かのえね》は義和団の乱の起こった一九〇〇年をあらわす干支です。

一九二六年、私は初めて欧州に参りました。「庚子《こうし》賠款」に関する英国の会議に出席するためでした。しかし、その時、わたしには、もう一つの副作用があったのです（自分ではこちらこそ主たる作用だと思っていますが）。それは倫敦《ロンドン》と巴黎《パリ》に所蔵されている、史坦因《スタイン》（Stein）・伯希和《ペリオ》（Pelliot）両先生が中国甘粛省の敦煌から盗み去った敦煌石窟の資料、それを看ようということです。……（『胡適的声音 1919—1960：胡適演講集』頁一二六／（ ）内は原文）

胡適博士もやっぱり「盗み去った（偸去）」ということばを使っておられますね。これにつづけて胡適博士は敦煌文献の概要と禅宗史の概要を紹介し、そのうえで次のように語ってゆかれます。

英国につくと、私はまず、大英博物館をのぞいてみました。その最初の日、一歩なかに入ったとたん、ちょうど展示中だった長い巻子《まきもの》が目にはいりました。それは正に、私が探そうとしていた関連資料でした。そのあと、そこでかなりたくさん探しました。

それから法国《フランス》へ行ったときには、私の巴黎《パリ》滞在を聞きつけた傅斯年《ふしねん》先生が、徳国《ドイツ》の柏林《ベルリン》から駆けつけてくれました。私たちは一つところに泊まり、昼間は巴黎《パリ》国家図書館で敦煌の巻子《まきもの》を看、夜は中国料理店に行ってご飯を食べ、夜な夜な一時二時まで語りあったものでした。今、その時の生活を思い返してみると、実に記念すべきものであったと思います。巴黎《パリ》国家図書館ではまる三日たたぬうちに、標題の無い一段の巻子《まきもの》が目にとまりました。私はそれを一目看て、私の求めていた資料が見つかったのだ、と気づきました。それはまさに神会《じんね》の語録、つまり彼の言ったこととやったことの記録だったのです。その巻子《まきもの》にはたびたび「会」のことが出てきて、何のことだかまだ誰にも分らなかったのですが、私には一目でそれが神会のことだと分りました。私ははるばる一万里以上の旅をし、西伯利亜《シベリア》を通って欧州に行き、禅宗の資料を捜し求めようとしたのですが、それがなんと巴黎《パリ》に着いて三日もしないうちに、たちまち見つかってしまったのです。数日後にはさらに短めの巻子《まきもの》が見つかり、それも間違いなく神会に関係のあるものでした。

そのあと英国にもどり、今度はわりと長く滞在しました。そこでまた一つ神会と関係のある巻子《まきもの》を発見し、そのほかさらに、その当時の禅宗に関するたくさんの資料もありました。わたしはそれらをみんな写真に撮って国に持ち帰ったのです。四年後、上海でそれを整理して出版し、『神会和尚遺集《じんねおしょういしゅう》』と題し、そしてさらに神会のために、一万字あまりの伝記も書きました。これはまさに、中国禅宗「北伐《ほくばつ》」の指導者たる神会の、いかにも大した資料なのです。巴黎《パリ》でこれらの資料を見つけたとき、傅《ふ》先生はたいそう喜んでくれたことでした。(『胡適的声音 1919—1960:胡適演講集』頁一三二)

四半世紀を経た今もなお興奮さめやらぬ、という感じのアツい話しぶりですね。かくして、大作の論考「荷沢大師神会伝《かたくだいししじんねでん》」を冠した『神会和尚遺集』(亜東図書館)が出版を見たのは、発見から四年後の民国十九年、すなわち一九三〇年、日本では昭和五年のことでした(「荷沢大師神会伝」には小川「胡適『荷沢大師神会伝』」(上)(下)の訳注があります。『駒澤大学禅研究所年報』創刊号・一九九〇年と第二号・一九九一年に分載)。

伝統的な「宗学」と一線を画する近代的な学問としての「禅宗史」研究、それがここから始まりました。このあと、胡適博士の研究に刺激されて、わが鈴木大拙《すずきだいせつ》博士も新出の敦煌禅宗文献の研究にのりだし、二〇世紀の新たな学問としての禅宗史研究が、目覚ましく、はなばなしく、展開されていったのでした。

2 「北宗」と「南宗」

則天武后と「東山法門」

では、そうした新たな研究によって明らかになった禅宗の歴史とは、どのようなものだったでしょうか?

伝説時代のことはひとまず置き、禅宗が一個の社会的実体として中国の歴史の表面に登場してきたのは、初唐《しょとう》の則天武后《そくてんぶこう》の時代のことでした。その立役者は、さきほどの「伝灯」系譜の物語にでてきた神秀《じんしゅう》という人でした。物語のなかでは五祖《ごそ》の法をつぎそこねたサエない人みたいになっていましたが、それはあくまでも、後の時代に作られた物語の上でのこと。史実は、その正反対です。

神秀は実は初唐の時代のたいへんな高僧で、唐王朝の正史『旧唐書《くとうじょ》』に立伝されるほどの人でした。中国では各王朝の正式の歴史書が作られるならわしで、それを「正史《せいし》」といいます(唐王朝の正史は新旧二種のこっているので、『旧唐書《くとうじょ》』『新唐書《しんとうじょ》』の名で区別されています)。正史に伝を立てられるというのはたいへんなことで、まして、坊さんが立伝されることはあまり多くありません。『旧唐書』で立伝されている坊さんは三人だけで、ひとりは神秀、ひとりは暦の作成で名高い一行《いちぎょう》、そして、もうひとりはかの玄奘三蔵《げんじょうさんぞう》です。仏教に関心がない人でも、玄奘三蔵の名を知らない人は、まずいないでしょう。神秀は唐王朝の歴史の上で、その玄奘となら ぶほどの重要性を認められていたのでした。その神秀を則天武后が破格の厚遇で宮中に迎えて礼拝し、ふかい帰依の意を表したことで、「（1）達摩《だるま》―（2）恵可《えか》―（3）僧璨《そうさん》―（4）道信《どうしん》―（5）弘忍《こうにん》」というくだんの系譜を奉ずる禅宗という集団――神秀らは「東山法門《とうざんほうもん》」と名のっていました――が、はじめて天下にひろく知られ、強い勢力と高い権威をもつようになったのでした。

「東山」というのは五祖弘忍《ごそこうにん》禅師が住していた山の名前ですが、初唐の時代、禅宗がはじめて世に出たとき、五祖の正統の後継者であり、「東山法門」の正統の代表者であったのは、まぎれもなく、神秀その人だったのでした。神秀は長安《ちょうあん》・洛陽《らくよう》の両都で、武后《ぶこう》・中宗《ちゅうそう》・睿宗《えいそう》の三代の帝王の尊崇を受け、「両京《りょうけい》の法主《ほうしゅ》、三帝《さんてい》の国師《こくし》」とまで称えられました。その没後は、弟子の普寂《ふじゃく》と義福《ぎふく》がひきつづき唐王朝の帰依を受け、長安・洛陽一帯で強大な権勢を誇ったのでした。

神会の「北宗」批判

ところが、普寂らの威光の絶頂期ともいえる開元《かいげん》二〇年（七三二）ごろ、神会《じんね》というひとりの無名の僧が現れて、突如、普寂らを攻撃する派手なキャンペーンを開始しました。胡適がパリで敦煌文献のなかから見つけ出したのは、まさに、この神会という人物の法会と問答の記録だったのです。その間の経緯について、胡適博士は、前に引いた「禅宗史の新しい看かた（禅宗史的一個新看法）」という講演のなかで次のように語っておられます。

西暦七〇〇年（武則天の久視元年）、詔によって、一人の楞伽宗《りょうがしゅう》（「東山法門」のこと）の著名な僧、神秀が、都に招かれました。その時、かれは、すでに九十歳あまり。国中に名を知られた苦行僧でした。かれが湖北から両京に至ったとき、武則天と中宗・睿宗は、みなひざまづいて、それを迎えました。その声望の高さがうかがえます。かれは両京にわずか六年住しただけで亡くなってしまいましたが、しかし、その間に「両京の法主、三帝の国師」となっていました。その死後、長安の万人が痛哭し、葬送の列に加わった者、その数、千万を超えたといいます。当時の有名人、張説《ちょうえつ》が碑文を書き、神秀は菩提達摩下の第六代であると記しています。神秀の没後は、その二大弟子、普寂・義福がひきつづいて皇帝・皇后らの帰依を受けました。これが、楞伽宗の全盛期でした。

ところが西暦七三四年（開元二二年）、突如、神会という一人の河南省滑台《かつだい》の南方和尚が現れて、神秀・普寂の一派を「師承《ししょう》是れ傍《ぼう》、法門《ほうもん》是れ漸《ぜん》」、そう公然と非難したのでした。達摩の第六代は、慧能であって、神秀ではない。慧能こそ、弘忍の伝法の弟子にほかならない、と。そして慧能と神会のほうは、頓悟《とんご》を主張しました。ある人が神会にききました、「いま、神秀・普寂の一派は天をも衝く勢い。あなたは、かれらを攻撃して、恐くないのですか?」神会は答えました、「わしは天下のために宗旨を定め、是非を分かつのだ。恐くなどない!」その時、神会はすでに八十歳を超えていました。七三四年から七五五年の間、神会は敢然と進み出て、国中で最も崇敬を集めていた湖北の神秀和尚に挑戦し、数々の証拠をあげながら、帝王が尊崇する宗派を攻撃したのでした。かれは人々から敬服されました。それは自分の師が、真夜中、弘忍から授かったという袈裟《けさ》のことを、その証拠と言い立てたためでした。その時、神秀はすでに亡くなっており、その二大弟子の義福(七三二年没)、普寂(七三九年没)も相次いで世を去りました。神会に反論できる人はもういません。反対派は、神会の説法があまりにも人を動かすのに恐れをなし、それを、群集を扇動して不穏な企てをなすものだと訴え出ました。かくて御史中丞盧奕《ろえき》が弾劾の奏上をなし、皇帝は神会を南方に放逐しました。最初は洛陽から江西の弋陽《よくよう》に、そこからさらに湖北の武当《ぶとう》、襄陽《じょうよう》、荊州《けいしゅう》へと、神会は移されていきました。三年の間に四たびも放逐されたわけですが、しかし、反対派が圧迫すればするほど、政府が放逐すればするほど、神会の声望はますます高まり、その地位はますます大きくなっていったのでした。(『胡適的声音 1919―1960:胡適演講集』頁一六一/( )内は原文、〔 〕内は引用者)

いくつか年次や年齢が出ていますが、それは気にしないでください。神会の伝記資料は複数あって、それぞれ記述に相違があります。この時、胡適博士は『宋高僧伝《そうこうそうでん》』にもとづいて話をしておられますが、のちには神会の生没年や法会の開催年次について別の説を出されました。また胡適博士の独自の考証の結果が、後年、新たな出土資料によって修正や否定を受けたという事例もあります。しかし、今、ここで、そういう細かな問題に踏み込むのはやめましょう。

ここで重要なのは、神会の神秀・普寂一派への批判が「師承《ししょう》是れ傍《ぼう》、法門《ほうもん》是れ漸《ぜん》」と要約されていることです。これは、もともと、宗密《しゅうみつ》という中唐《ちゅうとう》の時代の有名な僧が神会の伝記のなかで用いたことばです。華厳宗《けごんしゅう》の高名な学僧であると同時に、自ら神会の流れをくむ禅僧でもあると標榜した人ですが、さすがに神会の批判の論旨を的確にまとめています。

「師承是れ傍、法門是れ漸」

まず「師承是れ傍」というのは、神秀・普寂らの法系が傍流だ、ということです。つまり「(1)達摩―(2)恵可―(3)僧璨―(4)道信―(5)弘忍―(6)恵能」、この法系こそが唯一の正系であって、神秀らは傍系にすぎない。それが神会の主張でした。

神会は、広東の恵能の法門を「南宗《なんしゅう》」、神秀・普寂らの法門を「北宗《ほくしゅう》」と呼びました。確かに恵能がいた広東は中国の最南にあたり、それとの対比で長安・洛陽の神秀らが北方の宗派と呼ばれるのは、いかにも当然のことのように思われます。しかし、「北宗」「南宗」という命名には、実は、単なる地理的区分以上の意味がこめられていました。初祖菩提達摩が「南天竺《なんてんじく》国《こく》」の王子だったと伝承されていたことから、達摩の教えは「南天竺一乗宗《なんてんじくいちじょうしゅう》」とよばれており、それと重ね合わせることで、「南宗」の称には達摩禅の正統という語感がひそかに刷り込まれていたのです。したがって、「北宗」には、「南宗」にあらざる非正統の傍流の一派、という貶義が含まれており、事実、神秀・普寂らが自ら「北宗」と名のったことはなく、むしろ、その系統の人々が神会以前に「南宗」という自称を用いた例さえあるのでした。ただし、ほかに適当な呼び名もないので、現代の禅宗史研究でも、「北宗」という呼称を、いわばカッコつきという語感で便宜的に使っています。

つぎに「法門是れ漸」というのは、神秀・普寂らの「北宗」が説く禅法は「漸悟《ぜんご》」にすぎない。わが「南宗」は「頓悟《とんご》」を説くのだ、ということです。「頓悟」というのは一時にすべてを悟ること、「漸悟」というのは段階的・漸進的にだんだん悟ってゆくということですが、ここにも、もちろん、「頓悟」は高次、「漸悟」は低次という価値観が含まれています。

神秀らの「北宗」は「漸悟」を説く傍系にすぎず、恵能の「南宗」こそが「頓悟」を説く正系の禅にほかならない——神会が一方的に立てたこの図式は「南能北秀《なんのうほくしゅう》」とか「南頓北漸《なんとんほくぜん》」という成語となって、ひろく定着していきました。さきにご紹介した伝統的な「伝灯」系譜の物語や種々の六祖慧能伝説も、実は、後世、この図式にしたがって創作されていったものだったのでした。

「北宗」の禅とは

では、実際のところ、神秀らの禅は、どのようなものだったのでしょうか？　神会は「北宗」の名で勝手に一括りにしていましたが、敦煌出土の初期禅宗文献でみると、いわゆる「北宗」のなかにも、すでに複数の派別とそれに対応する複数の文献があり、そして禅法にも複数の種類やさまざまな時代的変遷があったようです。今、そうした多様性を捨象して最大公約数的にいうと、この人々の禅に共通するのは、おおむね次のような考え方でした。

（1）各人の内面には「仏」としての本質——仏性——がもとから完善な形で実在している。
（2）しかし、現実には、妄念・煩悩に覆いかくされて、それが見えなくなっている。
（3）したがって、坐禅によってその妄念・煩悩を除去してゆけば、やがて仏性が顕われ出てくる。

つまり現実態の迷える自己を坐禅によって克服し、その底に潜在している「仏」とひとしき本来の自己を回復する、という考え方です。

たとえば、敦煌出土の『修心要論《しゅうしんようろん》』という文献があります。五祖弘忍の名に仮託して、いわゆる「北宗」の系統の禅法をまとめた書物ですが、そのなかに次のような一段が見えます。

問い、「自らの心は本来清らかである、と、どうして解るのか?」

答え、「『十地論《じゅうじろん》』にいう、〝衆生《しゅじょう》の身のなかに金剛仏性《こんごうぶっしょう》がある。それはあたかも日輪のごとく、明らかにして円満、広大にして無限である。ただ、幾重もの迷いの雲に覆われているにすぎない。それはカメのなかの灯火が、外を照らすことができないのと同じである〟と。つまり、太陽を喩えとしていえば、俗世の雲や霧が四方八方から湧き起っている時のようなものだというのである。天下は真っ暗、日がどうして輝き得よう」

問い、「どうして光が無くなるのか?」

答え、「光は無くならない。ただ、雲や霧に覆い隠されているだけだ。すべての衆生の清らかなる心も同様である。幾重もの雲のような迷妄に覆われているにすぎない。ただ、本来の心を明らかに保ち、迷妄が生ぜぬようにしさえすれば、涅槃の太陽が自ずからに顕現するのである。かくして、自らの心は本来清らかである、と知れるのである」


【資料3】問曰、「何知自心本来清浄?」答曰、「《十地論》云、〝衆生身中有金剛仏性、猶如日輪体明円満、広大無辺、只為五陰重雲所覆。如瓶内灯、光不能照〟。又以朗日為喩、譬如世間雲霧八方倶起。天下陰闇、日豈爛也!」

「何故無光?」答曰、「日光不壊。只為雲霧所映。一切衆生清浄之心、亦復如是。只為攀縁妄念諸見重雲所覆。但能顕然守心、妄念不生、涅槃法日自然顕現。故知自心本来清浄」。(ジ

ヨン・マクレー校定本〔D〕）

問うて曰く、「何ぞ知る、自心の本来清浄《しょうじょう》なるを？」 答えて曰く、「《十地論》に云く、〝衆生の身中に金剛仏性《こんごうぶっしょう》有り、猶お日輪の如く、体明円満にして、広大無辺なり。只だ五陰の重雲の覆う所と為るのみ。瓶内の灯の、光、照らす能わざるが如し〟と。又た朗日を以て喩と為せば、譬えば世間の雲霧の八方より倶に起るが如し。天下陰闇にして、日豈《あ》に爛《かがや》かんや！」

「何が故に光無き？」 答えて曰く、「日光は壊せず。只だ雲霧の映《かく》す所と為るのみ。一切衆生の清浄の心も、亦た復た如是《かくのごと》し。只だ攀縁妄念《はんえんもうねん》の諸見の重雲の覆う所と為るのみ。但だ能く顕然に心を守り、妄念生ぜずんば、涅槃の法日、自然に顕現せん。故に知る、自心は本来清浄なりと」。（「爛」は輝くの意。皎然「桃花枕歌送安吉康丞」詩、「爛似朝日照已舒」。「映」は隠すの意。王鍈『詩詞曲語辞例釈』第二次増訂版、頁三六五、中華書局二〇〇五年。王鍈『唐宋筆記語辞滙釈』第二次修訂本、頁二六〇、中華書局二〇一四年）

太陽のごとく輝く仏性を、雲のごとき妄念・煩悩が覆いかくしている。その雲さえ払われれば、太陽はもともとそこにまばゆく照り輝いている――この譬喩は、この時期の禅宗文献にくりかえし現われるもので、柳田《やなぎだ》聖山《せいざん》先生（一九二二―二〇〇六）はかつてこれを「所謂北宗禅の基調」とよばれました（「北宗禅の思想」一九七四年／『禅仏教の研究』柳田聖山集第一巻・法蔵館一九九九年、頁二三二）。同じ譬喩は、敦煌出土の「北宗」系の歴史書『楞伽師資記《りょうがしじき》』の求那跋陀羅《ぐなばったら》章にも、次のように見えます。

大道はもともと広大かつ普遍である。それは円満にして清浄であり、本から有るものであって、他の原因によって得られるものではない。それはあたかも浮雲の奥の日光のごとくであって、雲が滅し去れば、日光はそこに自ずと現れるのである。なのに、なにゆえ、更なる博学多識によって文字言句を渉猟し、却って輪廻の途上にもどる必要があるのか。口で文言を説き、それを伝えて「道」とするような者、それは名声や利益を貪って、己れを損ない他人を損なう者にほかならない。これはまた、銅鏡を磨くようなものでもある。鏡上の塵さえ落ちてしまえば、鏡はもともと明るく澄んでいるのである。

【資料4】大道本来広遍、円浄本有、不従因得。如似浮雲底日光、雲霧滅尽、日光自現。何用更多広学知見、渉歴文字語言、覆帰生死道。用口説文伝為道者、此人貪求名利、自壊壊他。亦如磨銅鏡、鏡面上塵落尽、鏡自明浄。（柳田聖山『初期の禅史Ⅰ』筑摩書房、禅の語録二、頁一一二）

大道は本来《もとよ》り広く遍《あま》ねく、円浄にして本より有り、因従《よ》り得るにはあらず。如《たと》えば浮雲の底の日光の似《ごと》し、雲霧滅《めっ》し尽《つく》さば、日光自《おの》ずから現る。何ぞ更に多くの広学知見もて、文字語言を渉歴《あさ》り、覆《かえ》って生死《しょうじ》の道に帰するを用いん。口を用いて文を説き、伝えて道と為す者は、此の人、名利《みょうり》を貪求《むさぼ》りて、自からを壊《え》し他を壊《え》すなり。亦《ま》た銅鏡を磨くが如し、鏡面上の塵《ちり》落ち尽くさば、鏡は自《もとよ》り明浄なり。

ここにも、妄念・煩悩の浮き雲とその奥に輝く仏性の日輪、という形象が示されています。興味深いのは、ここでは、同じことが、塵と鏡の譬喩に言い換えられていることです。これを見れば、どなたも、さきの六祖慧能の物語のなかに出ていた、あの、神秀の偈を思い出されることでしょう。

身是菩提樹　身《み》は是《こ》れ菩提《ぼだい》の樹《き》
心如明鏡台　心《こころ》は明鏡《めいきょう》の台《うてな》の如《ごと》し
時時勤払拭　時時《じじ》に勤《つと》めて払拭《ほっしき》し
莫遣惹塵埃　塵埃《じんあい》を惹《ひ》かしむる莫《なか》れ

物語自体は、神会よりもさらに後代の人々の創作にかかるものです。しかし、この一首には、いわゆる「北宗」禅の修行の原理と気分が、とてもよく表現されています。自己本具の仏性の実在を確信しつつ、坐禅によって根気よく煩悩の払拭に努めてゆく、それが彼らの禅でした。とても地道でマジメな禅といっていいでしょう。

そのためこの系統の人々の間では、さまざまな坐禅の方法が工夫されていたようです。『楞伽師資記』には、具体的な坐禅の方法が実にいろいろ説かれています。今、短くまとめられたものを、ひとつだけご紹介しましょう。弘忍章に説かれる、「看一字」という禅法です。

坐禅をする際には、平らかな地に正身端坐し、ゆったりと身心を寛《くつろ》げて、空の尽《つ》きるはてに「一」の文字を観ずるようにせよ。

この禅法には自ずと然るべき段階がある。まず初学の人で事物への執われが多い場合は、心のなかに「一」の文字を観想せよ。

次に心が清澄となって後の坐禅では、広大な平原のなか、ただひとり高山の山頂に坐せるがごとく、四方いずれを顧みてもはるかにひろがって果てしが無い、という状態になれ。

このように坐して、天地いっぱいに身心を寛げ、仏の境界——すなわち法界——にとどまるのだ。清浄法身の無限なるさまは、あたかもこの状態と同様なのである。

【資料5】你坐時、平面端身正坐、寛放身心、尽空際遠看一字。自有次第。若初心人攀縁多、且向心中看一字。澄後坐時、状若曠野沢中、迥処独一高山、山上露地坐、四顧遠看、無有辺畔。坐時、満世界寛放身心、住仏境界。清浄法身、無有辺畔、其状亦如是。(『初期の禅史I』頁二八七)

你《なんじ》坐する時、平面に端身《たんしん》正坐し、寛《ゆるや》かに身心を放ち、空《そら》の尽《つ》くる際《はて》に遠く「一」字を看よ。自《もと》より次第有り。若し初心の人、攀縁《はんえん》多ければ、且《しば》らく心中に向《お》いて「一」の字を看よ。澄《す》みて後に坐する時は、状《あた》かも曠野沢中《こうやたくちゅう》にて、迥《はる》かに独一の高山、山上の露地に処《お》りて坐せるが若《ごと》く、四《よ》もに顧《かえり》み遠く看て、辺畔《きわ》有ること無し。かく坐せる時、満世界に寛《ゆるや》かに身心を放ちて、仏の境界に住せよ。清浄法身に、辺畔《きわ》有ること無きは、其の状《さま》亦た如《かくのごと》是し。

ここでは「一」という文字の多義性を利用しつつ、「看一字」の行が、二段階に分けて説かれています。すなわち、(1)雑念の収斂のために空の果てにヨコ一文字を思い浮かべて凝視するという「初心」の段階、(2)そののち、澄んだ心によって世界の全一性を看る——無辺際なる法界に同化し自ら全一の法身となる——という「仏の境界」の二段階です。ここに、「漸悟」の法門といわれるような階梯的・漸進的性格があったことは確かです。坐禅にかぎらず、語学でも、スポーツでも、芸事でも、生身の人間が体を使ってまじめにやることなら、長期の継続的努力が要請され、そこに時間の経過にともなう深化や向上の過程が見られるのは、およそ当然のことでしょう。

　最初期の禅宗は、いわばありのままの迷える自己を、坐禅という行によって克服し、もともとあった仏としての自己を回復する、という禅でした。その意味ではたしかに「坐禅・内観の法を修めて、人間の心の本性をさとろうとする宗派」だった、といっていいでしょう。

「頓悟」と「漸悟」

ところが、神会はこれを「頓《とん》・漸《ぜん》の不同の為に」許すことができないと非難しました。

神会は神秀・普寂らの禅法を「凝心入定《ぎょうしんにゅうじょう》、住心看浄《じゅうしんかんじょう》、起心外照《きしんがいしょう》、摂心内証《しょうしんないしょう》」と要約しました。心を凝集して三昧に入り、心を固定して清浄なるものを観想し、心を起ちあげて外在世界を照《うつ》し出し、心を摂《おさ》めて内面世界を体認する——「心を凝《こら》して定《じょう》に入《い》り、心を住《とど》めて浄を看《み》、心を起《おこ》して外に照《うつ》し、心を摂《おさ》めて内に証《さと》る」。

　このとおりの句は神秀・普寂の現存の教説のなかには見出されませんし、具体的な意味もよく解りません。が、ともかく神会は、神秀・普寂らの禅法をこのように定式化したうえで、それを、心に「調伏《ちょうぶく》」を加えてゆく「愚人《ぐにん》の法」にすぎない、と批判しました。実体的な対象物として心を面前に措定し、それの凝集、安定、浄化を進めてゆく——つまり心という客体を順次「調伏」してゆく——このような「愚人の法」は、達摩以下六代の祖師たちの法に違背するものだというのです。「我が六代の大師は、一一皆な〝単刀直入《たんとうじきにゅう》、直了見性《じきりょうけんしょう》〟と言って、階漸《かいぜん》〔段階・階梯〕を言わなかった」、それが神会の主張でした（『菩提達摩南宗定是非論』）。

では、神会自身はどのような禅を説いたのでしょうか？　「北宗」批判の法会のなかで、神会は次のように説いています。

「凝心入定、住心看浄、起心外照、摂心内証」——そう教えるのは菩提《さとり》を礙《さまた》げるものにほかならない。自分は、念の起こらぬことを「坐」とし、自己の本性を見るのを「禅」とする。だから坐して住心入定させることをしないのである。もし「凝心入定」云々の禅法が正しいのなら、維摩《ゆいま》居士が舎利弗《しゃりほつ》を叱りつけたはずがないではないか。

【資料6】若教人〈坐〉〝凝心入定、住心看浄、起心外照、摂心内証〟者、此〔是〕障菩提。今〔言〕〝坐〟者、念不起為〝坐〟、今言〝禅〟者、見本性為〝禅〟。所以不教人坐身住心入定。若指彼教門為是者、維摩詰不応訶舎利弗宴坐。（『菩提達摩南宗定是非論』、鄧文寛・栄新江『敦博本禅籍録校』江蘇古籍出版社・敦煌文献分類録校叢刊、頁四六）

若《も》し人に教えて〝凝心入定《ぎょうしんにゅうじょう》、住心看浄《じゅうしんかんじょう》、起心外照《きしんがいしょう》、摂心内証《しょうしんないしょう》〟せしめば、此れは是れ菩提を障《さ》うるなり。今〝坐〟と言うは、念の起らざるを〝坐〟と為し、今〝禅〟と言うは、本性を見るを〝禅〟と為す。所以《ゆえ》に人に教えて身を坐して住心入定せしむることをせず。若し彼の教門を指して是《ぜ》と為さば、維摩詰《ゆいまきつ》は応《まさ》に舎利弗の宴坐を訶すべからざるなり〔『維摩経』弟子品〕。

「凝心入定、住心看浄、起心外照、摂心内証」――そういうやり方が、坐禅のやり方として間違っている、正しい坐禅の方法が他にある、神会はそう言っているのではありません。神会はここで、「坐禅」の「坐」とは念の起こらぬこと、「坐禅」の「禅」とは本性を見ることだ、と説いています。

これは坐禅について新たな方法を説いたものでも、坐禅という行に新たな意味を付与したものでもありません。「坐禅」の語を用いながら、実際には、坐禅という身体的な行法を廃棄し、「坐」「禅」の二字をもっぱら精神のありかたの意に転換してしまっているのです（この定義は、のちに『六祖壇経』に引かれ、後世には六祖慧能の語として知られるようになります）。神会はその証拠として『維摩経《ゆいまきょう》』弟子品《でしぼん》の故事を挙げています。それは林の中、樹の下で坐禅にふける舎利弗を維摩詰が厳しく叱責した、というお話でした。

「漸悟」を否定して「頓悟」を主張するという話が、「漸悟」の坐禅から「頓悟」の坐禅へ、という話に進まず、このように、坐禅そのものの廃棄という結論に向かっていったのは、なぜでしょうか？

それは、神会の「北宗」批判が、坐禅の方法論・技術論の次元でなく、もっと根本的な人間観そのものの相違から起こっているためにほかなりません。いわゆる「北宗」の人々と神会の間では、人間の本質――「仏性」「本性」――に関するイメージが、根本的に異なっているのです。神会が語る次の譬喩を、さきの太陽と浮き雲の譬えと比べてみてください。

虚空《こくう》というものには、本来、いかなる動静も無い。明が来たからといって虚空自体が明るくなるわけではなく、暗が来たからといって虚空自体が暗くなるわけでもない。暗い時の空も明るい時のと同じ空であり、明るい時の空も暗い時のと同じ空である。明暗には去来があるけれども、虚空自体には本来いかなる動静も無い。「煩悩即菩提《ぼんのうそくぼだい》」というのも、同じである。その上を去来する迷・悟のさまには別があるが、「菩提心《ぼだいしん》」そのものには、本来いかなる動きも無いのである。

【資料7】給事中房琯問煩悩即菩提義。答曰、「今借虚空為喩。如虚空本来無動静、不以明来即明、暗来即暗。此暗空不異明〔空〕、明空不異暗空。明暗自有去来、虚空元無動静。煩悩即菩提、其義亦然。迷悟雖即有殊、菩提心元来不動」。……(『神会語録』石井本三九、楊曽文編校『神会和尚禅話録』中華書局・中国仏教典籍叢刊、頁九四)

給事中房琯《ぼうかん》、「煩悩即菩提」の義を問う。答えて曰く、「今、虚空《こくう》を借りて喩《たとえ》と為《な》す。虚空の本来動静《どうせい》無きが如し、明の来るを以って即ち明るく、暗来りて即ち暗むにはあらざるなり。此の暗き空は明るき〔空〕に異ならず、明るき空は暗き空に異ならず。明暗には自《もと》より去来有れど、虚空には元より動静無し。煩悩即菩提、其の義も亦《ま》た然《しか》り。迷悟には即ち殊《こと》なり有りと雖《いえど》も、菩提心は元来不動なり」。……

ここで「菩提心」といっているのは、菩提をめざす、いわゆる「発心《ほっしん》」のことではありません。菩提そのものである心、すなわち仏性・本性のこと、いわば本来性の別名です。

神会が考える「煩悩即菩提」は、「迷」と「悟」が等置されることでも、「迷」が「悟」に転化することでもありません。「迷」も「悟」も「虚空」のような「菩提心」の上を去来する相対的な個別の「相《そう》」の一つに過ぎず、「菩提心」そのものとは関わりない。「菩提心」自身はいかなる「相」によっても区分されない無限定で無分節なものであり、それを「煩悩即菩提」というのだ、というのです。いわば、いかなる映像が映し出されようと——絶世の美女が映ろうが非道な極悪人が映ろうが——スクリーンそのものは常に一面の空白である。そのスクリーンの空白こそが自己の本質なのであって、そこに映し出された美女と悪人の違いはまるで問題じゃない、というわけです。

「北宗」において仏性は、雲や霧の奥におおいかくされた、輝く日輪のようなものでした。そこにおいては、実物としての迷い（雲霧）を禅定によって取り除いてゆき、最後にその奥で秘かに輝いている実物としての悟り（太陽）を顕現せしめる、そんな実物的なイメージが濃厚でした。実物として強固に存在する煩悩を除いてゆくのですから、そこには物理的な作業の持続が必要であり、実物を処理してゆく持続的な作業には、当然、時間の経過と工程の進捗が必要になる——そこに漸進的禅定《ぜんじょう》主義という、いわば地道でまじめな修行の原理が出てくる理由がありました。

しかし、神会から看れば、太陽も浮き雲も——つまり、悟りも迷いも——自己の本質ではありません。それは、いわば、大空という無限大のスクリーンの上を行き来する個別の映像にすぎないのです。ここで必要なのは、迷いの映像を排除することでも、悟りの映像を固定することでもなく、それらが映し出されているスクリーンそのものに自ら気づくことなのです。

神会は法会で、「坐禅」の「坐」とは念の起こらぬこと、「坐禅」の「禅」とは本性を見ることだ、と説いていました。それも、まさにこの意味です。「坐」とは自己の本来性がいかなる観念によっても区分・規定されていないということ、「禅」とはそのような本来性を自ら「見る」ということです。もともとそうであることを、ただ、そうであると「見る」だけですから、そこには時間差も段階の先後もありません。神会がいう「頓悟」とは、悟りのスピードが速いということではなく、悟りにはそもそも時間差も段階差もありえない、ということなのです。

そのような立場から看れば、いわゆる「北宗」の禅法は、そこに映った迷いや悟りの映像を実体視し、禅定という工具によって、迷いの映像を削り取り、悟りの映像を焼きつけようとするような愚行にほかなりません。それでは、結局、スクリーンそのものを傷つけ、台無しにしてしまうばかりです。神会はいいます、「〝定《じょう》〟を修むるは元より是れ妄心《もうしん》」、禅定を修めることがそもそも妄心なのである、と（『神会語録』石井本〔一〇〕）。漸悟を批判して頓悟を正統化するという主張が、「漸悟」の坐禅から「頓悟」の坐禅へという話に進まず、坐禅そのものの廃棄という結論にただちに結びつくのは、まさにこのためだったのでした。

神会の「定慧等学」説

神会は同じことを「定慧等《じょうえとう》」ないし「定慧等学《じょうえとうがく》」という言い方でも説いています。字づらからみると禅定と智慧の均等の習学ということのようですが、これもそうではありません。かの「北宗」批判の法会のなかで、神会は次のように説いています。

「禅師の説かれる〝定慧等学〟とは如何なるものか？」

神会、「〝定《じょう》〟とは〝体《たい》〟が不可得《ふかとく》であること。〝慧《え》〟とは、その不可得の〝体〟がひっそりと静寂でありながら、そこに無限の〝用《ゆう》〟が有るのを〝見る〟ことである。それゆえ、〝定慧等学〟というのである」

【資料8】又問、「何者是禅師定恵等学？」和上答、「言其定者、体不可得。言其恵者、能見不可得体、湛然常寂、有恒沙之用、故言定恵等学」。（『菩提達摩南宗定是非論』、『敦博本禅籍録校』頁三二）

又た問う、「何者か是れ禅師の〝定恵等学《じょうえとうがく》〟？」和上（神会）答う、「其の〝定〟と言うは、〝体〟の不可得なるなり。其の〝恵〟と言うは、能《よ》く不可得なる〝体〟の、湛然常寂《たんねんじょうじゃく》にして、恒沙《ごうしゃ》の用《ゆう》有るを〝見る〟なり、故に〝定恵等学〟と言う」。

ここで「不可得」といっているのは、把握するという行為が不可能だということではなく、把握されるべき個別の「相」がそもそも実在しない、ということです。さきに見た比喩でいえば、本来性すなわち「体」は「虚空」のごとく無限定・無分節であるということで、それがここでは「定」とよばれています。それは無限定・無分節であるがゆえにひっそりと静寂であり、しかし、無限定・無分節であるがゆえに、そこからありとあらゆるはたらき——すなわち「用」が——際限なく生み出されてくる。そのことを自ら「見る」のが「慧」だというのです。ここでも「定」は、もはや禅定の意味ではありません。

この「定慧等」の説がさきに見た「坐禅」の定義——「坐禅」の「坐」とは念の起こらぬこと、「禅」とは本性を見ること——と同じことを言っているのは、明らかでしょう。

神会にとっては、「坐禅」も「定慧等」も、無分節なる本来性が自らの無分節を自覚する、ということにほかならないのでした。

さきにいわゆる「北宗」の立場を三か条にまとめたのと対比して神会の立場を整理してみると、次のようになるでしょう。

（1）各人に具わる仏としての本性は、虚空のごとく無限定・無分節なものである。

（2）迷いも悟りも、その虚空の上を去来する影像にすぎない。禅定によって迷妄を排除し清浄を求めようとすることは、本来の無限定・無分節を損なう愚行にほかならない。

（3）虚空のごとき本性には本来的に智慧が具わっており、それによって無限定・無分節なる自らの本来相をありありと自覚するのである。

神会はこの考えを実にさまざまな言い方で説いています。逆にいうと、さまざまな用語と典故を用いて説いているようでいて、言っていることは、実は常にこのことなのでした。そうしたなか、神会が比較的よく用いたのは『金剛経《こんごうきょう》』の「応無所住而生其心《おうむしょじゅうにしょうごしん》」という句を用い、「応無所住」を「体」、「而生其心」を「用」に配当した次のような説きかたでした。ここで神会は、いかにして解脱を得るかという問いに、「ただ無念《むねん》をさえ得ればそれがそのまま解脱なのだ」と答え、では「無念」とは何かと問われて「不作意《ふさくい》がすなわち無念」であると説いたうえで、その長い問答を次のように結んでいます。「作意《さくい》」も「起心《きしん》」も、神会においては、個別の観念（「相」）を立てて無分節な本来性（「無相」）を区分・分節するという意味で、それがないのが――つまり、無分節なる本来性がもともとの無分節のままにあるのが――「無念」ということです。

かくして、この法門では、核心そのものを直指して、煩瑣な理論に依拠しない。すなわち――すべての衆生、その心は「本来無相」である。「相」なるものは、すべて妄心である。では「妄」とは何か。「作意」して心を住め「空」とか「浄」とかの概念を立てること、さらには「起心」して「菩提」「涅槃」を悟ろうと求めること、いずれも「妄」にほかならない。

そうした「作意」をさえなさなければ、心中には何物もなく、したがって物として限定された心も存在しない。さすれば自性は空寂であり、その空寂なる自性の上にもともと本智が具わっている。（本智がもつその）「知」のはたらき、それを照用というのである。それゆえ『般若経』（『金剛般若経』）に「応無所住而生其心」という句がある。「応無所住」とは空寂なる自性の本体のこと、「而生其心」はそこに具わる本智の作用のことを言うのである。ただ「作意」をさえなさざれば、自ずからに悟入するはずである。努めて御身お大切に。

【資料9】 然此法門、直指契要、不仮繁文。但一切衆生、心本無相。所言相者、並是妄心。何者是妄？　所作意住心、取空取浄、乃至起心求証菩提涅槃、並属虚妄。但莫作意、心自無物、即無物心。自性空寂、空寂体上、自有本智、謂知以為照用。故『般若経』云、「応無所住而生其心」。「応無所住」、本寂之体。「而生其心」、本智之用。但莫作意、自当悟入。努力、努力！（『神会語録』胡適本第五段（石井本ナシ）、『神会和尚禅話録』頁一一九）

然して此の法門は、契要を直指して、繁文を仮らず。但る《あらゆ》一切の衆生は、心本《も》と無相。言う所の相とは、並《すべ》て是れ妄心なり。何者か是れ妄？　意を作《な》して心を住め、空を取り浄を取る所より、乃至《ひい》ては心を起して菩提涅槃を証せんと求むるまで、並《すべ》て虚妄に属す。但《た》だ意を作《な》すことさえ莫《な》ければ、心には自《おのず》から物無し、即ち物心無し。かく自性は空寂にして、空寂の体上に、自《もとよ》り本智有り、知を謂いて以て照用と為す。故に『般若経』に云く「応無所住而生其心」と。「応無所住」は本寂之体、「而生其心」は本智之用なり。但《た》だ意を作《な》すことさえ莫《な》ければ、自ら当に悟入すべし。努力、努力！

他の箇所には「〝応無所住〟は、推すに知識《そなた》らの〝無住心《むじゅうしん》〟是れなり。〝而生其心〟とは、心の無住なるを〝知る〟是れなり」という説明も見えます（『壇語』〔一四〕）。「無住心」がさきにいう「不可得」の「体」の同義語、それを「知る」というのがさきの「見る」の同義語であることは見やすいでしょう。これがさきの「坐禅」や「定慧等」と同じ体用論を説いているこ とは明らかです（『金剛経』のこの句を体・用に配当する説の先蹤が「北宗」系の人、侯莫陳琰の説に見え、神会への影響が考えられるそうです。伊吹敦「『頓悟真宗金剛般若修行達彼岸法門要訣』と荷沢神会」参照、『日本・中国　仏教思想とその展開』山喜房仏書林、一九九二年）。

盛唐《せいとう》の詩人として名高い王維《おうい》との対論でも、神会は次のように説いています。


侍御史《じぎょし》王維が神会に問う、「師の禅法は、どのような点で恵澄《えちょう》禅師と異なるのです」

神会、「恵澄禅師の禅法は、先ず禅定を修め、それによって三昧を得、然る後に智慧を起こす、というものです。いっぽう私の立場では、今こうしてあなたと語りおうている、そいれがそのまま〝定慧等〟なのです。『涅槃経《ねはんきょう》』にも〝定が多く慧が少なければ無明が増し、慧が多く定が少なければ邪見が増す。定と慧とが等しければ、仏性が見える〟とございます。それゆえ違うと申し上げておるのです」

王維、「しからば、〝定慧等〟とは、如何なる状態を言うのです」

神会、「〝定〟とは本性が無分節であること、〝慧〟とはその無分節なる本性が空寂でありながら無限の作用を具えているのを〝見る〟こと、これがすなわち〝定慧等〟にございます」

【資料10】王侍御問和上、「何故得不同?」答曰、「今言不同者、為澄禅師要先修定以後、定後発慧〔後文に「先修定、得定已後発慧」とあるのに従う。胡適本は「要先修定、得定以後発慧」〕、即知不然。今正共侍御語時、即定慧倶等。『涅槃経』云、〝定多慧少、増長無明。慧多定少、増長邪見。若定慧等者、名為見仏性。故言不同」。

王侍御問、「作没時是定慧等?」和上答、「言定者、体不可得。所言慧者、能見不可得体、湛然常寂、有恒沙巧用、即是定慧等学」。(石井本二九、『神会和尚禅話録』頁八五)

王侍御(王維)、和上(神会)に問う、「何故に同じからざるを得たる?」答えて曰く、「今、同じからずと言うは、澄禅師(恵澄)の要《かなら》ず先《ま》ず定を修め、定を得て以後に慧を発するが為に、即ち然らざるを知るなり。今、正に侍御どのと共に語る時、即ち定慧《じょうえ》倶に等し。『涅槃経』に云く、〝定多く慧少なければ、無明を増長す。慧多く定少なければ、邪見を増長す。若し定慧等しければ、名づけて仏性を見ると為す〟と。故に同じからずと言う」。

王侍御問う、「作没《いか》なる時か是れ定慧等?」和上答う、「〝定〟と言うは、体の不可得なるなり。言う所の〝慧〟とは、能く不可得の体の、湛然常寂にして、恒沙の巧用有るを〝見る〟なり、即ち是れ定慧等学なり」。

恵澄禅師がどういう人か分かりませんが、「先ず定を修め、定を得て以後に慧を発する」という言い方は、いわゆる「北宗」系の禅法を代表する役目を負わされているようです。神会はそれに対してくだんの「定慧等」の説を対置しているのですが、ここで注目すべきは、神会が「今、こうして現に侍御どのと語りあっている時、まさしく定慧がともに等しいのだ」と言っていることです。「定慧等」があらためて修められる行法でなく、本来性自身のおのずからなる自己認識のことである以上、自己は常に「定慧等」でないことがない。現にこうして貴殿とお話しているときも、自己は正にありありと「定慧等」だというのです。

現実態の自己が日常の営為のなかで常に無分節の本来性を自覚しつづけている——坐禅の解体とそれに表裏する日常的現実の即自的肯定という唐代禅宗の基調が、すでにここに萌していま す。神会自身は未だこの点を強調してはいませんが、唐代の禅はこのあと、この方向を推し進め、ありのままの自己がそのまま仏だという方向にぐいぐい進んでゆくのでした。

3　保唐寺無住の禅

神会の最晩年、かの「安史《あんし》の乱」が勃発しました。一時は唐王朝を崩壊の危機にまで瀕せしめた大きな戦乱でしたが、禅宗では、この乱の前後から中国各地に新たな諸派が競い起こり、それぞれ独自の系譜と思想を主張するようになりました。戦乱によって政治経済や思想文化の中心が長安・洛陽の両都から各地方に分散したこと、また、神会の「北宗」批判の運動によって禅門の正統意識が相対化されたこと、そうした内外双方の多元化の趨勢を、その背景として考えることができるでしょう。

宗密の記す所によると――ということは宗密の視界に入った限りでの、ということにもなりますが――それらはおおむね次のような新旧七宗に整理できます（『円覚経大疏鈔』巻三下、『裴休拾遺問』）。

一「北宗《ほくしゅう》」　長安―神秀《じんしゅう》・普寂《ふじゃく》
二「浄衆宗《じょうしゅうしゅう》」　四川―浄衆寺無相《じょうしゅうじむそう》
三「保唐宗《ほとうしゅう》」　四川―保唐寺無住《ほとうじむじゅう》
四「洪州宗《こうしゅうしゅう》」　江西―馬祖道一《ばそどういつ》
五「牛頭宗《ごずしゅう》」　江南―牛頭法融《ごずほうゆう》
六「南山念仏門《なんざんねんぶつもん》」　四川―果閬宣什《かろうせんじゅう》
七「荷沢宗《かたくしゅう》」　洛陽―荷沢神会《かたくじんね》

各派にさまざまな思想と行法があって百家争鳴の観を呈しましたが、最終的に勝ち残って唐代禅の主流となったのが、四の「洪州宗」、すなわち馬祖道一の禅でした。それについては第

2講で詳しくご紹介しますが、それに先だって注目しておきたいのが、三つめの保唐寺無住の禅です。神会のなかにかすかな萌芽としてみられた日常的自己の即自的肯定という方向性を極端にまで推し進め、次の馬祖禅の先がけとなったのが、この保唐寺無住の禅でした。

馬祖は「洪州」、今の江西省一帯で活躍しましたが、もとは無住と同じ四川の出身でした。無住は独自の思想を説きながらも二の浄衆寺無相から法をついだと自称しましたが、宗密は馬祖のことも、実はもともと浄衆寺無相の弟子だったのだと書いています（『裴休拾遺問』六）。そういう宗密自身も実は同じ四川の出身で、洛陽に出てから師匠たちにならってあらためて「荷沢宗」の法孫を自称するようになったのでしたが……。

「只没に閑たるのみ」

無住の言行の記録は敦煌出土の『歴代法宝記《れきだいほうぼうき》』という書物にのこされています。その書物は無住の説を記すにさきだって、神会についての一章を設けています。

> 洛陽荷沢寺《かたくじ》の神会和尚は、毎月、授戒会《じゅかいえ》を開いて説法し、そこで清浄《しょうじょう》を求める禅を批判し、如来禅《にょらいぜん》を提唱した。その説は「知見」を立て、言語を立てて、それを戒《かい》・定《じょう》・慧《え》と看なすもので、「話をしている時がそのまま戒、話をしている時がそのまま定、話をしている時がそのまま慧」と説くのであった。そして「無念」を説き、「見性」を立てるのであ

る。

【資料11】東京荷沢寺神会和上、毎月作壇場、為人説法、破清浄禅、立如来禅。立知見、立言説為戒定恵、不破言説、云、「正説之時即是戒、正説之時即是定、正説之時即是恵」。説無念法、立見性。〔一六〕（柳田聖山『初期の禅史Ⅱ』筑摩書房、禅の語録三、頁一五四）

東京（洛陽）荷沢寺の神会和上、毎月、壇場を作り、人の為に説法し、清浄禅を破して、如来禅を立つ。知見を立て、言説を立てて戒定恵と為し、言説を破せず、云く、「正《まさ》しく説ける時、即ち是れ戒。正しく説ける時、即ち是れ定。正しく説ける時、即ち是れ恵」。無念の法を説き、見性を立つ。

たしかに、神会は本来性が無分節であることを「無念」とよびました。そして、その「無念」なる本来性が自らの無分節を常に自覚することを「定慧等」とよび、今こうして語っている時にも常に「定慧等」――本来性の「知」「見」の自覚――が活きているのだと言っていました。ここではそうした神会の立場を祖述しながらも、語るという現実態の営為そのものがそい、い、い、のまま直に「戒」「定」「慧」と等置されるにいたっています。無住にとって「無念」は意識の問題ではなく、活き身の自己の日々のありかたの問題でした。「無念」はもはや自覚するもののではなく、身をもって生きるものなのでした。

　では「無念」を生きるとは、どのようにすることなのでしょうか？　いっしょに暮していた僧たちが、日に六度の礼仏を行う「六時礼懺《ろくじらいさん》」という行法をきちんと行じたいと申し出たとき、無住は言下にこう叱りつけています（一八）。

「ここは食い物もなく、人手で運びあげている山の中。如法の修行など、できようはずもない。そんな狂気のマネは、すべて仏法ではない。……〝無念〟であれば仏が見える。〝有念〟であれば輪回するのみ。仏を拝みたければ山を下りよ。ふもとには立派な寺がいくらもある。出てゆくのに遠慮はいらぬ。もしわしとここにおりたければ、ひたすら〝無念〟であれ。それができるならここにおればよし、できぬなら、さっさと山を下りてしまえ！」

　こういわれて山を下りた僧はふもとの浄衆寺にかけこんで、訴えました。「山中の無住禅師は礼拝も懺悔も念誦も許さず、ただ空しく閑坐するのみでございます」。それを聞いた寺僧は「そんなことが、どうして仏法でありえよう！」と、腰をぬかしましたが、浄衆寺の無相禅師だけは無住の真意をふかく解し、その立場を弁護しました。わしも師のもとにあったとき、「総《すべ》て作さず、只没《しも》に茫《ぼう》たるのみ」、何もせず、ただぼうっとしているだけだった、と。「只没（只麼）」は「ただ」という意の口語です。

　ひたすら「無念」でいる、それは、無分節のままにあるということを徹底して地でゆくものでした。具体的には、所定の修行や儀礼を一切放棄し、いかなる意味づけとも価値づけとも絶縁して、ただぼうっとしている、それが無住の「無念」でした。無住自身は「只没《しも》に茫《ぼう》たるのみ」より「只没《しも》に閑《かん》たるのみ」という言い方を好んで用いたようですが、基本的な意味は変わりません。「茫」も「閑」もいかなる意義や目的ともむすびつかず、無限定・無分節のままにある——いわば、個々の対象に焦点をあわせてゆくレンズのようでなく、どこにも焦点をもたない鏡のようにある——そんな身心の状態をいうもののようです（「閑」は中国語では然るべき意義とむすびついていないということ。「閑話」は、本スジからはずれたよけいな話。「閑人」はヒマ人ではなく、正業についていないヨタ者、あるいは、その場に関係のない部外者のことをいいます。中国でよく見る「閑人免進」という標示は、ヒマ人はいるべからずではなく、関係者以外立ち入り禁止ということです）。

一切が「活鱍鱍」

ただし、そうはいっても、無住はけっして生ける屍のようであれというのではありません。茫然自失の死に体ではなく、常に活き活きと躍動する、それが無住の説く「無念」の姿でした。「只没《しも》に閑《かん》たるのみ」であり、それゆえに「活鱍鱍《かっぱつぱつ》として、一切時中総《すべ》て是れ禅なり」、無住はくりかえしそう説きました。「活鱍鱍《かっぱつぱつ》」というのは、活きのいい魚がピチピチと跳ねるさまをいう擬態語。ピチピチと躍動して、いついかなる時も禅でない時がない。それが無住の持説でした。

道には修めるような姿形はなく、法にも悟るべき姿形はない。ただ「閑」であって、過去も思わず明日をも思わず、「一切時中総《すべ》て是れ禅なり」、あらゆる時がすべて禅なのである。（道は形《すがたかたち》段の修む可き無く、法は形《すがたかたち》段の証《さと》る可き無し。只没に閑にして、不憶不念《ふおくふねん》、一切時中総て是れ道なり）〔三二〕

観念を立てること、分別をはたらかせること、それらはいずれも迷いである。ただ「閑」であって、心が沈むこともなく浮かぶこともなく、流れることもなく転がることもなく、「活鱍鱍《かっぱつぱつ》として、一切時中総《すべ》て是れ禅なり」、ピチピチとして、あらゆる時がすべて禅なのである。（起心《きしん》は即ち是れ塵労《じんろう》、動念《どうねん》は即ち是れ魔網《まもう》。只没に閑にして、沈まず浮かず、流れず転ぜず、活鱍鱍として、一切時中総て是れ禅なり）〔三六〕

それがしの禅は、心が沈むことも浮かぶこともなく、流れることも注ぎ込むこともない。それでいて実地の用《はたら》きがある。その用《はたら》きには動と静の別もなく、汚れと清らかの別もなく、是と非の別もない。「活鱍鱍《かっぱつぱつ》として、一切時中総《すべ》て是れ禅なり」、ピチピチとして、あらゆる時がすべて禅なのである。（無住が禅は、沈まず浮かず、流れず注がず、而も実に用《はたら》き有り。用きて生《しょう》・寂《じゃく》無く、用きて垢《く》・浄《じょう》無く、用きて是《ぜ》・非《ひ》無し。活鱍鱍として、一切時中総て是れ

禅なり）〔三九〕

「活鱍鱍《かっぱつぱつ》として、一切時中総《すべ》て是れ禅なり」、これはもはや本来性との関係を云々するまでもない、活きた現実態のみの禅といえるでしょう。ただし「只没に閑」であることが、なぜ、一転して「活鱍鱍《かっぱつぱつ》として、一切時中総《すべ》て是れ禅」となりうるのか、その説明は一切ありません。おそらく、無限定・無分節のままにあるからこそ、いついかなる時と処においても、ピチピチと活き活きと行動できる——どこにも焦点をもたない鏡だからこそ、何ものをも一瞬一瞬に鮮やかに映し出し、しかも痕跡をのこさない——、それは無住にとって理屈ぬきの自明の事実だったのでしょう。右の〔三九〕の一句に先だって、無住は説明のかわりに、次のようなたとえ話を説いています。

それがしが一つ、例え話をして進ぜよう——

とある一人の男が、小高い丘のうえに立っておった。そこへ、三人の男が連れだって通りかかる。遠くに人が立っているのを見て、三人は口々に言い出した。

「あのお人は、家畜を見失のうたのであろう」

「いや、連れとはぐれたのだ」

「いや、いや、風にあたって涼んでおるのだ」

こうなると、言い争いになって収拾がつかぬ。

それで近づいて行って、当の本人にたずねてみた。

「家畜を見失われたので？」

「いや」

「では、連れのお方とおはぐれに？」

「べつに」

「なら、風にあたって涼んでおいでで？」

「ちがう」

「はて、そのどれでもないとなると、こんな高いところで、いったい何の為に立っておいでで？」

「只没《しも》に立つ——うむ、ただ、立っておるのだ」

【資料12】無住為説一箇話、有一人高䧜阜上立。有数人同伴路行。遥見高処人立、遞相語言、「此人必失畜生」。有一人云、「失伴」。有一人云、「採風涼」。三人共諍不定。来至問䧜上人、「失畜生否？」答云、「不失」。又問、「失伴？」云、「亦不失伴」。又問、「採風涼否？」云、「亦不採風涼」。「既総無、縁何高立䧜上？」答、「只没立」。〔三九〕（『初期の禅史Ⅱ』頁三〇四）

無住為《それがし》に一箇の話を説かん。一人有りて高き塠阜《おか》の上に立つ。数人有りて同伴《つれだ》ちて路行く。遥かに高処に人の立てるを見て、遞相《たがい》に語りて言く、「此の人、必らず畜生を失えるなり」。一人有りて云く、「伴を失えるならん」。一人有りて云く、「風涼を採るならん」。三人共に諍《いいあら》そいて定まらず。来り至りて塠上の人に問えり、「畜生を失える否《や》?」答えて云く、「失わず」。又た問う、「伴を失える否《や》?」云く、「亦た伴をも失わず」。又た問う、「風涼を採る否《や》?」云く、「亦た風涼をも採らず」。「既に総て無ければ、何に縁りてか高く塠上に立てる?」答う、「只没《ただ》立つるのみ」。

いかなる意義にも目的にも結びつけられず、「只没《ただ》」そうあること、「只没《ただ》」そうすること、それだけです。そのため無住の姿は「山中の無住禅師は礼拝も懺悔も念誦も許さず、ただ空しく閑坐するのみでございます」(一八)、そう非難されることにもなったのですが、しかし、「無念」であることは、実際にはあらゆることを「只没《ただ》」やるのみであるほかありません。「相=妄心」による分別を離れ、すべてを「只没《ただ》」やるとき、あらゆる行為はおのずと「活鱍鱍《かっぱつぱつ》」となり「一切時中総《すべ》て是れ禅」ということになるのでしょう。

無住の法系はすぐに絶え、後世にはまったく続きませんでした。しかし、無住が打ち出したこの方向性は、つづく中唐以降の時代、馬祖とその系統の禅者たちによって力強く推し進められていきました。そして、このような考え方が唐代禅の基調となり、宋代にいたるまで強い影響力を及ぼしつづけていったのでした。

第2講　馬祖系の禅と石頭系の禅──唐代禅の二つの主流

安史《あんし》の乱の前後に興起した諸宗のうち、最終的に勝ち残り、唐代禅の主流を形成したのが「洪州宗《こうしゅうしゅう》」、すなわち馬祖道一《ばそどういつ》の一門でした。

第1講のはじめに見たように、後世、禅宗の系譜は、六祖慧能《ろくそえのう》の「南宗《なんしゅう》」禅が「南岳《なんがく》─馬祖《ばそ》」系と「青原《せいげん》─石頭《せきとう》」系の二系統に分かれて発展したという形にまとめられています。それは中唐《ちゅうとう》以降、馬祖の禅がまず主流となり、それに対抗して石頭希遷《せきとうきせん》の系統がいわば第二の主流として後起したという歴史的動向が、後世、下から上に遡って平面的に再構成されたものでした。

中唐以後に再編されたそうした新たな伝承が、その後、禅門の正規の歴史として語り伝えられ、初唐《しょとう》・盛唐《せいとう》時代の最初期の禅のすがたは、二〇世紀の初めに敦煌《とんこう》文献が発見されるまで、歴史の表面から長く忘れ去られることとなったのでした。

第2講では、中唐以後、主流となった馬祖系の禅と、それに対抗して後起した第二の主流、石頭系の禅について考えます。さきに結論を言ってしまえば、馬祖系の禅は、現実態の自身がそのまま本来性の現われだと考えたのに対し、石頭系の禅は、現実態の自己とは別次元に本来性の自己を見出そうとしました。ありのままの自己をそのまま肯定するか、ありのままを超えたところに本来の自己をみようとするか——この二本の対立軸の間の緊張関係が、唐代禅の基本的な構図を形づくってゆくのでした。

1　馬祖系の禅

野鴨子の話——カモはどこへいった?

まず馬祖とその弟子百丈懐海《ひゃくじょうえかい》の次の話をみてください。後世「馬大師野鴨子《ばだいしやおうす》」と称される有名な話で、「野鴨子」はカモのことです。


馬祖が百丈と歩いていたとき、カモの飛んでゆくのが目に入った。

馬祖、「何だ?」

百丈、「カモです」

「どこへ行った」

「飛んで行ってしまいました」

すると、馬祖は、百丈の鼻をひねりあげた。

――イタタタッ！

百丈は思わず、悲鳴をあげる。

そこで馬祖は、ひとこと、

「飛んで行ってなどおらんじゃないか」

> **【資料13】** 馬大師与百丈行次、見野鴨子飛過。大師云、「是什麼？」丈云、「野鴨子」。大師云、「什麼処去也？」丈云、「飛過去也」。大師遂扭百丈鼻頭。丈作忍痛声。大師云、「何曾飛去？」（『碧巌録』第五三則、入矢・溝口・末木・伊藤訳注『碧巌録』岩波文庫、中―頁二〇七）
>
> 馬大師《ばだいし》、百丈《ひゃくじょう》と行《ゆ》きし次《おり》、野鴨子《やおうす》の飛び過ぐるを見る。大師云く、「是れ什麼《なん》ぞ？」丈云く、「野鴨子」。大師云く、「什麼処《いずく》にか去《ゆ》ける」。丈云く、「飛び過ぎ去けり」。大師、遂《かく》て百丈の鼻頭《はな》を扭《ひね》る。丈、忍痛《にんつう》の声を作《な》す。大師云く、「何《なん》ぞ曾《かつ》て飛び去れる」。

禅の問答の難解と妙味は、中国語ということばの性質と切り離せません。中国語では、主語がなくても文が成立します。この点は日本語もそうですね。「食べた?」「まだだ」「じゃ、行こか」とか。右の問答でも、馬祖の三度の発言にはいずれも主語が示されていません。「何だ?」「ドコへ行った?」「飛んでいってなどおらんじゃないか」。

ここで、そのまま、じゃあ「ナニ」なのか、じゃあ「ドコ」なのか、そう考え出したら、もうこの話の落とし穴にはまっています。この問答の勘所は、「ナニ」か「ドコ」かという答えにではなく、実は、これらの問いのかくされた主語のほうにあるのです。

しかし、百丈は、今、目にしたばかりのカモのことだと思って、「ナニ」なのか、「ドコ」なのかを答えます。しかし、馬祖の意はそんなところにはありません。馬祖は百丈の鼻をしたたかにひねりあげます。アタタタタッ! たまらず悲鳴をあげる百丈。そこで馬祖はすました顔でいいました。「飛び去ってなどおらんじゃないか」。なんだ、わしの問うた当のものは、ちゃんとココにおるではないか。

かくされた主語は、飛び去ったカモではなく、そのカモを見る百丈その人のほうだったのでした。

「即心是仏」

でも、それならそうと、初めから言ってくれればよさそうなものです。なんで、こんな乱暴で理不尽なふるまいに及ぶのか……。しかし、ここには、馬祖禅の基本的な思想と手法が遺憾なく発揮されています。

馬祖禅の基本的な考えは、（1）「即心是仏《そくしんぜぶつ》」、（2）「作用即性《さゆうそくしょう》」、（3）「平常無事《びょうじょうぶじ》」の三点に要約することができます。

まず（1）「即心是仏」は、自らの心がそのまま仏であるということ。馬祖の説法の記録の多くが、次の語を冒頭に掲げています。

> 馬祖は修行僧たちにこう説いた――汝らおのおの確信せよ、自らの心が仏である、この心こそがまさに仏にほかならぬ、と。達摩《だるま》大師は、南天竺国《なんてんじく》よりはるばる中華にやって来て上乗一心《じょうじょういっしん》の法を伝え、汝らにそのことを悟らせようとされたのだ。

【資料14】祖示衆云、「汝等諸人、各信自心是仏、此心即仏。達磨大師従南天竺国来至中華、伝上乗一心之法、令汝等開悟。……」。（『馬祖語録』、入矢義高『馬祖の語録』禅文化研究所、頁一七）

祖、衆《しゅ》に示して云く、「汝《なんじ》ら諸人、各おの信ぜよ、自らの心是れ仏、此の心即ち仏なりと。達磨大師は南天竺国《なんてんじく》より来《きた》りて中華に至り、上乗一心《じょうじょういっしん》の法を伝え、汝らをして開悟《かいご》せしめんとせり。……」。

「自らの心が仏である、この心こそがまさに仏にほかならぬ」、それを一般的な理念としてではなく、各人自らのこととして確信せよというのです。この考えを一語に集約したのが「即心是仏」――この心こそが仏にほかならぬ――という成語です（「即心即仏」ともいいます）。たとえば法常《ほうじょう》という弟子が馬祖に参じた時の話は、次のようなものでした。


法常、「仏とはいかなるものにございましょう？」

馬祖、「即心是仏」

法常はその一言でただちに悟り、その後、大梅山《だいばいさん》の住持となった。

噂を聞いた馬祖は、僧をつかわしてその境地を試させた。

僧、「和尚は馬大師から何を得て、この山の住持となられたのです？」

法常、「馬大師はわしに〝即心是仏〟とおおせられた。それでわしはここの住持となったのだ」

僧、「しかし、馬大師は近ごろ、別の教えを説いておられます」

法常、「どう、別なのだ？」

僧、「近ごろは〝非心非仏《ひしんひぶつ》〟――真実なるものは心でもなければ法でもない――そう説いておいでです」

それを聞いて法常いわく、「このじいさま、いつまで人を惑わしたら気がすむか！　そっちが〝非心非仏〟であろうがなかろうが、わしはともかく〝即心即仏〟だ」

もどった僧の報告を聞いて、馬祖はいった。

「うむ、梅の実は熟した！」

【資料15】大梅山法常禅師初参祖問、「如何是仏？」祖云、「即心是仏」。常即大悟。後居大梅山。祖聞師住山、乃命一僧到問云、「和尚見馬師、得箇什麼便住此山？」常云、「馬師向我道即心是仏、我便向這裏住」。僧云、「馬師近日仏法又別」。常云、「作麼生別？」僧云、「近日又道非心非仏」。常云、「這老漢、惑乱人未有了日。任汝非心非佛、我只管即心即仏」。其僧回挙似祖。祖云、「梅子熟也」。（『馬祖語録』、『馬祖の語録』頁六八）

大梅山《だいばいさん》の法常《ほうじょう》禅師、初めて祖（馬祖）に参ずるや、問う、「如何なるか是れ仏？」祖云く、「即心是仏」。常即ち大悟す。後、大梅山に居す。祖、師（法常）の住山せるを聞き、乃ち一僧に命じて到り問わしめて云く、「和尚、馬師に見《まみ》ゆるに、箇の什麼《なに》を得てか便ち此の山に住せる？」常云く、「馬師、我に向いて〝即心是仏〟と道い、我便ち這裏《ここ》に向《おい》て住す」。僧云く、「馬師、近日、仏法又た別なり」。常云く、「作麼生《いかに》か別なる？」僧云く、「近日、又た道く〝非心非仏〟と」。常云く、「這《こ》の老漢、人を惑乱して未だ了日《りょうじつ》有らず。任汝《たと》い〝非

> 心非仏〟なるも、我は只管《ただ》〝即心即仏〟なるのみ」。其の僧、回《かえ》りて祖に挙似《はな》す。祖云く、
> 「梅子熟せり」。

「即心是仏」は馬祖から授かった正解ではなく、法常自身が自らの身の上に、活きた事実として得心したものでした。だから馬祖の教えが変化したと聞かされても、法常には何の動揺もありません。馬祖がどう言おうが知ったことではない。自分には「即心是仏」、ただその一事あるのみだ、法常はそう言ってはばからないのでした。

「馬祖《ばそ》下に八十八人の善知識出《い》づ」（『景徳伝灯録』雲居章）などといわれるように、馬祖の門下からは数多くのすぐれた禅者が輩出しました。いまひとりの弟子、大珠慧海《だいじゅえかい》については、次のような問答が伝えられています。


行者《あんじゃ》、「〝即心是仏〟と申しますが、どの心が〝仏〟なのでしょう？」

大珠、「どの心が〝仏〟でないと疑うておる。さあ、それを指してみよ」

行者、「……」

大珠いわく、「悟ればあらゆるところがソレ（仏）である、悟らねば永遠にソレ（仏）と疎遠となる」

【資料16】有行者問、「即心是仏、那箇是仏?」師云、「汝疑那箇不是? 指出看」。行者無対。師云、「達則遍境是、不悟則永乖疎」。(『祖堂集』巻一四「大珠慧海章」、孫昌武・衣川賢次・西口芳男点校『祖堂集』中華書局・中国仏教典籍選刊、頁六二三)

行者《あんじゃ》有りて問う、「〝即心是仏〟、那箇《いずれ》か是れ〝仏〟?」師〔大珠〕云く、「汝、那箇《いずれ》か不是《しからざ》ると疑う? 指《しめ》し出《いだ》して看よ」。行者無対《むたい》。師云く、「達すれば則ち遍境是れ、悟らざれば則ち永《とこしな》えに乖疎せん」。

「即心是仏」といっても、「仏」と等しき聖なる本質が心のどこかに潜んでいる、というのではありません。迷いの心を斥けて悟りの心を顕現させる、というのでもありません。己が心、それこそが「仏」なのだ、その事実に気づいてみれば、いたるところ「仏」でないものはない。ここから、現実態の活き身の自己のはたらきは、すべてそのまま「仏」としての本来性の現れにほかならない、そんな考え方が出てくるのはごく自然なことでしょう。そのような考え方を今日の禅研究では「作用即性《さゆうそくしょう》」説と通称しています。

「作用即性」

馬祖は言います。

いま現にこうして「語言《ごげん》」しているのが、汝の「心」に外ならない。これをこそ「仏」といい、「実相法身仏《じっそうほっしんぶつ》」といい、「道」というのである。……いま現にこうして「見聞覚知《けんもんかくち》」しているのが、そもそも汝の「本性《ほんしょう》」であり「本心《ほんしん》」である。これを離れて別に「仏」が有るのではない。……汝自身のこの「心性《しんしょう》」こそが、もともと「仏」なのであって、そのほかに別に「仏」を求めるには及ばない。

【資料17】汝若欲識心、衹今語言、即是汝心。喚此心作仏、亦是実相法身仏、亦名為道。……今見聞覚知、元是汝本性、亦名本心。更不離此心別有仏。……是汝心性、本自是仏、不用別求仏。……（『宗鏡録』巻一四、『馬祖の語録』頁一九八）

汝若《も》し心を識らんと欲さば、衹今《いま》語言する、即ち是れ汝が心なり。此の心を喚《よ》びて仏と作《な》し、亦た是れ実相法身仏にして、亦た名づけて道とも為す。……今、見聞覚知するは、元より是れ汝が本性にして、亦た本心とも名づく。更に此の心を離れて別に仏有るにはあらず。……是《まさ》に汝が心性、本自《もとよ》り是れ仏なり、別に仏を求むるを用いざれ。……

また、こうも説かれています。

一切衆生《いっさいしゅじょう》は無限の過去より「法性三昧《ほっしょうざんまい》」を出ることなく、常に「法性三昧」のうちにあって、服を着、飯を食い、口をきき、人に応対――著衣喫飯《じゃくえきっぱん》、言談祇対《ごんたんしたい》――しているのである。かくて六根のはたらき、一切の営みは、すべて法性ならざるはないのである。

【資料18】一切衆生、従無量劫来、不出法性三昧、長在法性三昧中、著衣喫飯、言談祇対。六根運用、一切施為、尽是法性。……（『馬祖語録』、『馬祖の語録』頁二四）

一切衆生は、無量劫より来《このか》た、法性三昧《ほっしょうざんまい》を出《いで》ず、長《つね》に法性三昧中に在りて、著衣喫飯《じゃくえきっぱん》し、言談祇対《ごんたいしたい》す。六根の運用、一切の施為《ふるまい》は、尽《ことごと》く是れ法性なり。

「しゃべる（語言）」「見る、聞く、感じる、わかる（見聞覚知）」「服を着、飯を食う（著衣喫飯）」「人と話し応対する（言談祇対）」、そうした日常の感覚や動作・行為が、すべてそのまま「仏」としての本来性――「仏」「道」「本性」「本心」「心性」――の発現だというわけです。

こうした考え方は、「活鱍鱍《かっぱつぱつ》として、一切時中総《すべ》て是れ禅なり」という保唐寺無住《ほとうじむじゅう》の禅とよく似ています。しかし、馬祖禅の独自性は、この考えにとどまりません。馬祖やその門下は、さらにそれを悟らせる実践的な手法を具えていた点が独特でした。「即心是仏」を理論や教説で終わらせず、実地のやりとりのなかで、ナマ身の修行者ひとりひとりに身をもって実感させ体得させる、そこに馬祖禅の特徴がありました。

たとえば馬祖の弟子のひとり、汾州無業《ふんしゅうむごう》の開悟の因縁が、次のように伝えられています。この時、無業は、ひとかどの教理学者としてすでに一家を成していました。

馬祖の禅門が盛んであると聞いて、汾州無業が訪ねていった。馬祖はその魁偉なる容貌と鐘のような大音声をとらえていう、「堂々たる仏殿だ。しかし、そのなかに仏は無い」

無業、「三乗《さんじょう》の学問はおおむね究めました。しかし、禅門で説かれる〝即心是仏〟、その意が未だ了《わか》りませぬ」

馬祖、「〝了《わか》らぬ〟というその心、それがまさしくそうなのだ。ほかに無い」

無業、「しからば祖師西来《そしせいらい》の密伝とは、如何なるものにございましょう？」

馬祖、「そなたも、まことにうるさいことだ。ひとまず帰って出直すがよい」

そこで無業が一歩外に踏み出したその刹那、馬祖がだしぬけに呼びかけた。

「大徳！」

無業はハッと振りかえる。そこへ馬祖がすかさず問う。

「何だ？」

無業ははたと悟り、そして、礼拝した。

馬祖いわく、「鈍いやつめが、今ごろ礼拝などして、どうするか」

【資料19】 後聞馬大師禅門鼎盛、特往瞻礼。馬祖覩其状貌瓌偉、語音如鐘、乃曰、「巍巍仏堂、其中無仏」。師礼跪而問曰、「三乗文学、粗窮其旨。常聞禅門即心是仏、実未能了」。馬祖曰、「只未了底心即是、更無別物」。師又問、「如何是祖師西来密伝心印?」祖曰、「大徳正閙在、且去別時来」。師才出、祖召曰、「大徳!」師廻首。祖云、「是什麼?」師便領悟、礼拝。祖云、「這鈍漢、礼拝作麼?」(『景徳伝灯録』巻八・汾州無業章、入矢義高監修・景徳伝灯録研究会編『景徳伝灯録三』禅文化研究所、頁九九、『馬祖の語録』頁七一もほぼ同文)

後、馬大師の禅門の鼎盛《さかん》なるを聞き、特に往《ゆ》きて瞻礼す。馬祖、其の状貌の瓌偉にして、語音の鐘の如くなるを覩《み》て、乃ち曰く、「巍巍たる仏堂、其の中に仏無し」。師(無業)礼跪して問うて曰く、「三乗の文学は、粗《ほ》ぼ其の旨を窮めたり。常に禅門は即心是仏なりと聞くも、実に未だ了ずる能わざるなり」。馬祖曰く、「只《まさ》に未だ了ぜざる底の心こそ即ち是れなり、更に別物無し」。師又た問う、「如何なるか是れ祖師西来して心印を密伝せる?」祖曰く、「大徳正《まさ》に閙在《さわがし》、且《しば》らく去りて別時に来《きた》れ」。師才《わず》かに出《い》づるや、祖召《よ》びて曰く、「大徳!」師、廻首す。祖云く、「是れ什麼《なん》ぞ?」師便ち領悟し、礼拝す。祖云く、「這《こ》の鈍漢《どんかん》、礼拝して作麼《なんとす》る?」

経論《きょうろん》についての学識では、人にヒケをとらぬ無業でした。しかし、禅門で説かれる「即心是仏」、それについてはなお解らないと告白します。それに対して馬祖はきっぱり言いました、「解らぬというその心、それがすなわち仏なのだ」。

「即心是仏」といっても、仏と等置される特別の心がどこかにあるわけではない。解らぬなら解らぬというその心、今、ここでわしにそれを問うているナマの心、それがそのまま仏なのだ。それ以外に何物もない――馬祖は隠さず、そう明言しました。

しかし、教理学的な理解や論証を期待する無業には、まだ得心がいきません。さらに質問をつづけようとする無業を、馬祖はさもうるさそうに追い返します。

無業はやむなく、戸口から出ようとします。すると、その背後にいきなり、馬祖が呼びかけました。

「大徳よ！」

思わずふりかえる無業。そこへ馬祖はすかさず、

「何だ？」

今、ふりかえったものは何なのか？　呼ばれて思わずふりかえる、その活きたはたらき。それこそ汝の問うている当のものではなかったのか！

なんだ、「即心是仏」とはこのことだったのか……。無業はその場でただちに覚り、馬祖に

ふかい感謝の礼拝をささげました。

「この鈍漢めが、礼拝なぞ」。初めから隠さず言うてやっておるのに、今ごろようやく気づいたか……。口でそう言いながらも、馬祖の機嫌は悪くなかったにちがいありません。

自然にはたらき出る身心の反応を即座にとらえ、「即心是仏」という活きた事実に身をもって気づかせる——このような問答は、ほかにも枚挙にいとまありません。叩いたり、蹴ったり、つねったりし、その瞬間的な痛覚によってそれを覚らせようとするのも、そうした手法の一種でした。


僧、「祖師が西からやってきた意味は何でしょう？」

馬祖はただちに僧を打ちすえ、そして、おもむろにこう言った、

「ここでお前を打っておかねば、わしが諸方の老師たちに笑われよう」。

【資料20】問、「如何是西来意？」祖便打曰、「我若不打汝、諸方笑我也」。（『馬祖語録』、『馬祖の語録』頁九六）
問う、「如何《いか》なるか是れ西来意《せいらいい》？」祖便ち打ちて曰く、「我れ若《も》し汝を打たざれば、諸方我《われ》を笑わん」。

さきほどの無業の問いにも「祖師西来」のことばが見えました。祖師達摩が西のかた天竺よりやって来て、「東土」にはじめて禅を伝えたことになっています。ですから、祖師達摩が西からやって来た意味――「祖師西来意《そしせいらいい》」――を問うことは、すなわち禅の第一義を問うことにほかなりません。

禅の書物には、この「祖師西来意」（略して「祖師意」「西来意」とも）を問うた問答が無数にのこされており、答えも千差万別です。しかし、一見、千差万別でありながら、実はそこに一つの共通の答えがひそんでいました。それは馬祖の説法の冒頭に示されていた、あのことばです。

> 汝らおのおの確信せよ、自らの心が仏である、この心こそがまさに仏にほかならぬ、と。達摩《だるま》大師は、南天竺《なんてんじく》国よりはるばる中華にやって来て上乗一心《じょうじょういっしん》の法を伝え、汝らにそのことを悟らせようとされたのだ。（【資料14】参照）

単純化していえば、祖師達摩は「即心是仏」の一事を覚らせるためにこそ、西からやって来たのでした。しかし右の問答で、僧はそのことに気づいていません。「祖師西来意」をどこか遠くにある特別の秘伝のように思いなし、それを馬祖からこっそり授かろうとしています。そこで馬祖はその問いの語が終わるか終わらぬかのうちに、すかさず打ちすえ、そしておもむろに言いました、「ここでお前を打たなかったら、諸方の老師たちがわしのことを笑うだろう」。質問しただけで、いきなり叩くなんて……。今、学校の先生がこんなことをやったら、たいへんです。しかし、ここには、馬祖の老婆心切がこめられています。「祖師西来意」とは「即心是仏」という我が身の活きた事実のこと、それをこの一打でその身にしかと思いしれ――馬祖はそう教えているのです。今、そのことをその身にしかと叩きこんでおかなかったら、お前は諸方の老師たちを訪ね、あいもかわらず他人事のように、「祖師西来意」を問うてまわるに相違ない。そうなってしまったら、恥をさらすのは、おまえではなく、このわしだ。

水老《すいろう》和尚という僧が馬祖に参じた時の因縁も、次のようなものでした。

洪州の水老和尚が、初めて馬祖に参じて問う。

「祖師西来の明白なる意味、それは如何なるものでございましょう?」

馬祖「礼拝せよ」

そこで水老が礼拝すると、馬祖はいきなりひと蹴りをくらわせた。

そこで水老は大悟し、起ち上がると、手をたたいて呵々大笑、

「すばらしや! すばらしや! 百千の三昧も無量の法門も、ただひとすじの毛さきの上で、ただちにその根源が見てとれた」

言うなり、水老は礼拝し、そのまま退出してしまった。
後年、水老は、自らの門下にこう語った——

馬大師がひと蹴り　食らいしより
今日にいたるも　笑いとまらず

> 【資料21】洪州水老和尚、初参祖問、「如何是西来的的意?」　祖云、「礼拝著」。老纔礼拝、祖便与一蹋。老大悟、起来撫掌、呵々大笑云、「也大奇！　也大奇！　百千三昧、無量妙義、只向一毛頭上便識得根源去」。便礼拝而退。後告衆云、「自従一喫馬師蹋、直至如今笑不休」。(『馬祖語録』、『馬祖の語録』頁八三)
>
> 洪州水老《こうしゅうすいろう》和尚、初めて祖(馬祖)に参じて問う、「如何《いか》なるか是れ西来的的《せいらいてきてき》の意?」　祖云く、「礼拝著《せよ》」。老(水老)纔《わず》かに礼拝するや、祖便ち一蹋《いっとう》を与う。老大悟し、起《た》ち来《あが》って掌《て》を撫《う》ち、呵々大笑して云く、「也大奇《すばらしや》！　也大奇《すばらしや》！　百千の三昧、無量の妙義、只だ一毛頭上に向《お》いて便ち根源を識得し去れり」。便ち礼拝して退く。後、衆に告げて云く、「一たび馬師の蹋《けり》を喫して自従《よ》り、直《じき》に如今《いま》に至るまで笑い休《や》まず」。

馬祖と百丈の「野鴨子」の問答も、実はこれらと同じ趣旨でした。カモが飛び立てば、カモが見える。鼻をヒネリあげられれば、死ぬほど痛い。そういう活きたはたらきをもつこの我が身を、文字どおり「痛感」するがよい――それが馬祖の教えだったのでした。

「平常無事」

馬祖はこうも説いています。

> 道というものは努めて修めるものではない。汚してはならぬ、ただそれだけだ。では「汚す」とは何か。生死にとらわれた心、道を修めようとする作為、あるいは道に向かおうとする目的意識、それら一切がすべて「汚す」ことである。もしずばりと道そのものを会得したいなら、ふだんのあたりまえの心――「平常心《びょうじょうしん》」――それがそのまま道なのである。ならば「平常心」とは何か。それは、作為なく、是非なく、取捨なく、断常なく、凡聖の対立なきものである。それで『維摩経《ゆいまきょう》』不思議品《ふしぎぼん》にも「凡夫の行でも聖賢の行でもなく、菩薩の行なのだ」と説かれている。正しくただ今の一挙一動、諸もろの事物への対応――行住坐《ぎょうじゅうざ》臥《が》、応機接物《おうきせつもつ》――それらがすべてそのまま道なのであり、その道がすなわち法性なのである。ひいては無数無限のすばらしきはたらきも、すべてこの法界を出ないのであり、そうでなければ、「心地法門《しんちほうもん》」も「無尽灯《むじんとう》」も、あったものではないのである。

【資料22】道不用修、但莫汚染。何為汚染？ 但有生死心、造作趣向、皆是汚染。若欲直会其道、平常心是道。何謂平常心？ 無造作、無是非、無取捨、無断常、無凡無聖。経云、「非凡夫行、非聖賢行、是菩薩行」。只如今行住坐臥、応機接物、尽是道。道即是法界。乃至河沙妙用、不出法界。若不然者、云何言心地法門？ 云何言無尽灯？（『馬祖語録』、『馬祖の語録』頁三二）

道は修するを用いず、但だ汚染《おぜん》すること莫《なか》れ。何をか汚染と為す？ 但有《あらゆ》る生死の心、造《ぞう》作《さ》・趣向は、皆な是れ汚染なり。若し直《じき》に其の道を会《え》さんと欲さば、平常心《びょうじょうしん》是れ道なり。何をか平常心と謂う？ 造作無く、是非無く、取捨無く、断常無く、凡無く聖無きなり。経（『維摩経』不思議品）に云く、「凡夫の行に非ず、聖賢の行に非ず、是れ菩薩の行なり」と。只だ如今の行住坐臥、応機接物、尽く是れ道なり。道は即ち是れ法界なり。乃至《ない》し河沙の妙用も、法界を出ず。若し然らずんば、何を云いてか心地法門と言わん？ 何を云いてか無尽灯と言わん？

「平常心是れ道」というのは「即心是仏」というのと同じことです。人為的なこしらえごとがなく、是非や凡聖の区別もない、ふだんのありのままの心――「平常心《びょうじょうしん》」――それがそのまま「道」だというのです。だから日常のあらゆる動作・営為――行住坐臥《ぎょうじゅうざが》、応機接物《おうきせつもつ》――それらがすべてそのまま「道」であり「法界《ほっかい》」なのだとつづいています。
これが前に見た馬祖のことばと同義であることは明らかです。いわく「常に〝法性三昧〟のうちにあって、服を着、飯を食い、口をきき、人に応対――著衣喫飯《じゃくえきっぱん》、言談祇対《ごんたんしたい》――しているのである」と（【資料18】参照）。

要するにこの一段もこれまで見てきた『即心是仏』＝「作用即性」という趣旨を語っているわけですが、ここではそれに加えて、「道は修めるには及ばない」、むしろ人為的・目的的な修行によってそれを汚してはならぬ、そう説かれている点が目をひきます。

この「平常《びょうじょう》」ということを馬祖の門下たちは「無事《ぶじ》」ということばでも表現するようになりました。あれこれの余計な作りごとのない、ありのままのありようということです。たとえば百丈の弟子、したがって馬祖のマゴ弟子にあたる黄檗希運《おうばくきうん》は、こう説いています、「道の人とは無事の人のことである。実にあれこれの心なく、説くべき道理もない」（「道人《どうにん》は是れ無事《ぶじ》の人。実に許多般《あれこれ》の心《こころ》無く、亦た道理《どうり》の説《と》く可《べ》き無し」、入矢義高『伝心法要・宛陵録』筑摩書房、禅の語録八、頁七六）。

黄檗の弟子の臨済義玄《りんざいぎげん》も言っています。

> 諸君、仏法には修行の余地など無い。ただ、「平常」「無事」であるのみだ。クソをたれ小便をし、服を着て飯を食い、眠くなったら眠るだけ。愚か者はこんなわしを笑うけれど、

智者にだけはその心がわかるだろう。古人も言うておる、「外に求めて努力するのは、みな痴《し》れものにほかならぬ」と。お前たち、まずはその場その場で主人公たれ。さすれば己れのいる場がすべて真実の場となろう。

【資料23】道流、仏法無用功処、祇是平常無事。屙屎送尿、著衣喫飯、困来即臥。愚人笑我、智乃知焉。古人云、「向外作工夫、総是痴頑漢」。你且随処作主、立処皆真。……（入矢義高訳注『臨済録』岩波文庫、頁五〇）

道流《どうる》、仏法は用功《ゆうこう》の処《ところ》無し、祇《た》だ是《こ》れ平常無事《びょうじょうぶじ》、屙屎送尿《あしそうにょう》、著衣喫飯《じゃくえきっぱん》、困《こん》じ来《きた》らば即ち臥《が》す。愚人《ぐにん》は我れを笑うも、智《ち》は乃ち焉を知る。古人《こじん》云く、「外《そと》に向って工夫《くふう》を作《な》すは、総《すべ》て是れ痴頑《ちがん》の漢」。你《なんじ》ら且《しば》らく随処《ずいしょ》に主と作《な》れば、立処《りっしょ》皆な真なり。……（「困じ来れば即ち臥す。愚人は我れを笑うも、智は乃ち焉を知る」および「外に向って工夫を作すは、総て是れ痴頑の漢」の部分は懶瓚《らんさん》『楽道歌《らくどうか》』からの引用）

真の仏法は、己れの外に「仏」を探し求めてゆくような人為的な努力・修練とは無縁のものだ、臨済はそう言いきっています。そういうものを排して、本来あるがままの「平常」「無事」であることを、臨済はその場その場で主体となる――「随処《ずいしょ》に主と作《な》る」――と言ったのでした。臨済はほかの箇所で「わが見解によれば、あれこれの事はない。ただ平常に、服を着て飯を食い、無事に時を過ごすのである」とも言っています（「山僧《わし》が見処《けんじょ》に約《やく》さば、如許多般《あれこれ》無し、祇《た》だ是れ平常《びょうじょう》にして、著衣喫飯《じゃくえきっぱん》し、無事《ぶじ》に時を過ごすのみ」、『臨済録』頁一〇二）

以上、馬祖禅の基本的な考えを（1）「即心是仏」、（2）「作用即性」、（3）「平常無事」の三点に整理してみました。しかし、以上の引用文の用語が相互に重なり合っていたように、これらは実際にはひとつの考えです。すなわち、自己の心が仏であるから、活き身の自己の感覚・動作はすべてそのまま仏作仏行にほかならず、したがって、ことさら聖なる価値を求める修行などはやめて、ただ「平常」「無事」でいるのがよい、と。

本来性と現実態を無媒介に等置し、ありのままの自己をありのままに是認する、それが馬祖禅の基本精神であったと言えるでしょう。

2　石頭系の禅

「馬祖禅」への批判

こうした考え方は、頭でこしらえた観念に呪縛されている人に対しては、新鮮な解放の力となったでしょう。しかし、このありのままが、最初から所与の正解となってしまったら、人々がいともかんたんに自堕落で安逸な現実肯定に流れてしまうであろうことは想像に難くありません。そのため、馬祖の弟子たちの間からも、こういう考えに対する違和感や懐疑、さらには批判や超克の姿勢が出てくるようになりました。

さきほどの馬祖と百丈のカモ（野鴨子）の話は、五代の時代に編まれた『祖堂集《そどうしゅう》』という書物の巻一五・五洩霊黙章《ごせつれいもく》に初めて出てきます。すこし長い話になっていますので、〔1〕～〔3〕の三段に分けてみてみましょう。

〔1〕とある日のこと、馬祖が一同をひきつれて、西の城壁あたりを散策していた。突然、カモが飛び去った。

馬祖「今のは、何だ？」

百丈惟政《ひゃくじょういせい》、「カモです」

「どこへ行った」

「飛んで行ってしまいました」

馬祖はいきなり、惟政の耳をつかんで曳きずる。

――イタタタタッ！

惟政は思わず叫ぶ。

馬祖、「まだ、ここにおった。飛んで行ってなどおらぬじゃないか」

惟政はからりと大悟した。

【資料24】有一日、大師領大衆、出西墻下遊行次、忽然野鴨子飛過去。大師問、「身辺什麼物？」政上座云、「野鴨子」。大師云、「什麼処去？」対云、「飛過去」。大師把政上座耳拽。政上座作忍痛声。大師云、「猶在這裏、何曾飛過？」政上座豁然大悟。（『祖堂集』巻一五・五洩霊黙章、頁六七〇、『馬祖の語録』頁一五八）

有る一日、大師（馬祖）大衆《だいしゅ》を領《ひき》いて、西墻《せいしょう》の下に出て遊行《ゆぎょう》せる次《おり》、忽然《たちまち》に野鴨子《やおうす》飛び過ぎ去れり。大師問う、「身辺は什麼物《なにもの》ぞ？」政上座（百丈惟政）云く、「野鴨子」。大師云く、「什麼処《いずく》にか去《ゆ》ける？」対《こた》えて云く、「飛び過ぎ去れり」。大師、政上座の耳を把《と》りて拽《ひ》く。政上座、忍痛《にんつう》の声を作《な》す。大師云く、「猶《な》お這裏《ここ》に在り、何ぞ曾て飛び過ぐ？」政上座、豁然《かつねん》として大悟せり。

馬祖の相手が百丈懐海でなく、もうひとりの百丈惟政という人になっています。また馬祖が思い切りひっぱったのが、鼻ではなく、耳になっています。しかし、それらの細かな異同をのぞけば、話の趣旨じたいは、前にみたのと変わりません。激痛という感覚――「見聞覚知《けんもんかくち》」のはたらき――それによって活き身の自己を自覚する、そうした馬祖禅の思想と手法が典型的に示されています。

問題は、この話が惟政大悟のめでたき因縁として百丈惟政の章に記されるのでなく、同じく馬祖の門下にあった五洩霊黙が師と袂を分かつことになった因縁として、五洩の章のほうに載せられていることです。『祖堂集』の記述は、さらに次のようにつづきます。

〔2〕この一件で五洩はイヤな気持ちになってしまい、ただちに馬祖に訴えた。「それがし科挙《かきょ》の学業をなげうって、大師のもとに身を投じて出家いたしました。なのに、今日にいたるまで、何ひとつ心動かすものがございませぬ。さきほど、惟政どのにはかような因縁が有りました。どうか師よ、お慈悲をもって私にもお示しを願います」
馬祖、「出家の師としてはこのわしがよかったが、開悟の師となれば別のお人がよいようだ。おまえはわしのもとに永遠におっても、ダメだろう」

「しからば、なにとぞ、しかるべき師をお示しください」

「ここから七百里さきに、南岳の石頭と呼ばれる禅師がおる。そこへ行けば、必ず然るべき機縁があろう」

かくて五洩は、ただちに馬祖のもとを辞去したのであった。


【資料25】因此師無好気、便向大師説、「某甲抛却這个業次、投大師出家、今日並無个動情。

適来政上座有如是次第。乞大師慈悲指示。大師云、「若是出家師則老僧、若是発明師則別人。是你驢年在我這裏也不得」。師云、「若与麼則乞和尚指示个宗師」。大師云、「此去七百里有一禅師、呼為南岳石頭。汝若到彼中、必有来由」。師便辞。

此れに因りて師（五洩）好気無く、便ち大師に向いて説《い》えり、「某甲《それがし》、這个《こ》の業次を抛却《すてさ》り、大師に投じて出家せるも、今日まで並《すべ》て个《ひとつ》の動情無し。適来《さきほど》、政上座には如是《かくのごと》き次第《ゆくたて》有り。乞う大師、慈悲もて指示せよ。大師云く、「若是《も》し出家の師なれば則ち老僧《われ》、若是《も》し発明の師なれば則ち別人ならん。是れ你《なんじ》、驢年《とこしなえ》に我が這裏《ところ》に在ろうとも也《な》お得ざらん」。師云く、「若し与麼《かく》なれば則ち乞う和尚、个《ひとり》の宗師を指示せよ」。大師云く、「此《ここ》より去ること七百里に一禅師有り、呼びて南岳石頭《なんがくせきとう》と為す。汝、若し彼中《かしこ》に到らば、必ず来由有るべし」。師便ち辞す。

百丈惟政がカモの縁でみごと悟ったのを見て、五洩は賛嘆するでもなく、羨むでもなく、「好気《こうき》無し」、なぜか不快になってしまいました。「作用即性」の禅を目の当たりにして、強い違和感を覚えたのです。五洩はその気持ちを正直に訴えました。馬祖はそれを聞き、五洩に石頭のもとへ行くよう勧めました。

石頭は石頭希遷。馬祖と同時期の高名な禅僧で、当時、南岳にあって、馬祖禅とは異質な禅を説いていました。馬祖の「作用即性」にイヤ気がした五洩は、さっそく馬祖のもとを辞し、おそらくはひどく切迫した面持ちで、石頭のもとに向かいました。

〔3〕五洩は石頭のもとに着くなり言った。「一言で契合すれば、ここにとどまります。そうでなければ、ただちに立ち去ります」

そして履き物をはいたまま、手に礼拝用の敷き物（座具）をもち、法堂《はっとう》にのぼって礼拝し、ひととおりの挨拶をおえると、石頭の傍らに立った。

石頭、「どこから参った？」

五洩は意に介さず、こたえた。

「江西《こうぜい》の馬大師のもとより参りました」

石頭、「して、戒律はどこで授かった？」

五洩は返事もせず、袖を払って出ていった。

すると五洩が門を出かかったところへ、石頭がいきなりどやしつけた、

「コラッ！」

その時、五洩の脚は、一方は門の外、一方は門の内に在った。思わず振り返ると、石頭はそこへ手刀を擬すように掌の側面を竪ててみせた。

「生まれてから死ぬまで、ただ、これ、このとおりの男あるのみ。そのうえ、そうキョロ

キョロして何とする！」
五洩はからりと大悟し、そのまま数年間、石頭に仕え、やがて五洩和尚と呼ばれるようになったのであった。

【資料26】到石頭云、「若一言相契則住、若不相契則発去」。著靴履、執座具、上法堂礼拝、一切了侍立。石頭云、「什麼処来？」師不在意、対云、「江西来」。石頭云、「受業在什麼処？」師不祇対、便払袖而出。纔過門時、石頭便咄。師一脚在外、一脚在内。転頭看、石頭便側掌云、「従生至死、只這个漢。更転頭脳作什麼！」師豁然大悟。在和尚面前給侍数載、呼為五洩和尚也。

石頭に到りて云く、「若《も》し一言に相《あ》い契《かな》わば則ち住《とど》まらん、若し相い契わずんば則ち発《た》ち去らん」。靴履《はきもの》を著《つ》け、座具《ざぐ》を執《と》り、法堂《はっとう》に上りて礼拝し、一切了《おわ》りて侍立《じりゅう》す。石頭云く、「什麼処《いずく》より来る？」師（五洩）意に在《と》めず、対《こた》えて云く、「江西《こうぜい》より来る」。石頭云く、「受業《じゅごう》は什麼処に在《お》いてぞ？」師、祇対《こた》えず、便ち払袖《ほっしゅう》して出《い》ず。纔《わず》かに門を過ぎし時、石頭便ち咄《とっ》す。師、一脚は外に在り、一脚は内に在り。頭《こうべ》を転《めぐ》らして看るや、石頭便ち掌《たなごころ》を側《た》てて云く、「生従《よ》り死に至るまで、只だ這个《こ》の漢なるのみ。更に頭脳《こうべ》を転《めぐ》らして什麼《なん》と作《す》る！」師、豁然《かつねん》として大悟す。和尚（石頭）の面前に在りて給侍すること数載、呼びて五洩《ごせつ》和尚と為せり。

行脚《あんぎゃ》して来た修行僧に、老師はしばしば名前や出身地、修行歴などをたずねます。そこには本人の素性を確かめる常識的な面接の意味と、汝はいったい何者であるか、これまでの修行で自己というものをいかに捉えてきたか、そういう禅的な意味とが重ねあわされているのがふつうです。一見のんびりとした石頭の問いかけにも、おそらくそうした意味が含まれていたでしょう（五洩が「意に介さず」答えた、という記述は、石頭の問いに実は深い意味があったということを逆から暗示しています）。

しかし、ありのままの「作用即性」的禅に不服を感じ、切羽つまった気持で馬祖に背を向けてきた五洩にとって、石頭の態度はいかにも悠長で迂遠なものと映ったのでしょう。長居は無用とばかり、バッと袖を払って立ち去ろうとしました。

ところが、戸口から出かかったその刹那、石頭が背後からいきなり怒鳴りつけました。

「コラッ！」

思わずふりかえる五洩。すると石頭はすかさず、さっと手刀で切るように、側面を向けて掌を竪てました。「生まれてから死ぬまで、ただ、これ、このとおりの男あるのみ（只だ這个《こ》の漢なるのみ）。そのうえキョロキョロして、どうするか！」

外に出かかったところへ背後からいきなり呼びかける、この手法は馬祖と同じであるように見えます。また「ただ、これ、このとおりの男あるのみ」という言い方も、もとは馬祖系の禅者が「ありのままの自己の、ありのままの是認」という考えを示すために常用したものでした。しかし、ここで石頭が鋭く直指したのは、一方の脚は門の外、もう一方は門の内――いわば内外を分かつ一線をまたいだ――その一刹那の五洩の姿でした。石頭が手刀で切るように差し向けた掌の側面は、まさにこの一線を示すものでした。

潮州大顛《ちょうしゅうだいてん》という僧が参じた際、「言語する者」こそが本心だという大顛に対し、石頭は「揚眉動目《ようびどうもく》」(眉や目の動き)を除き去って〝心〟をもって来い」と迫って大顛を悟らせました。「揚眉動目」は「揚眉瞬目《ようびしゅんもく》」ともいい、「言語」「語言」や「見聞覚知」「著衣喫飯」などとともに、馬祖禅において「作用」を指す常用表現のひとつです。「作用=本心」という馬祖禅の立場を忠実に提示した大顛は、そういう「作用」を離れ、それとは別次元の「本心」を捉えよ、そう言われて悟り、石頭の法をついだのでした(『景徳伝灯録』巻一四・大顛章)。

右の石頭と五洩の一段にも、同じ意がこめられています。呼ばれて振り返る活きたはたらき、それがそのまま自己なのではない。活き身の己れとともにありながら、しかし、活き身の「作用」とは次元を異にする本来の自己、それに気づけと石頭は示唆しているのです。

ありのままの現実態の自己と、それを超えた本来性の自己、その境界線上にあって、そのいずれでもあり、また、そのいずれでもない自己。それは百丈惟政がカモを見て覚った自己とは対蹠的なものであり、馬祖のところでなく、石頭のもとでこそ得られるものでした。だからこそ五洩は、カモの一件を見て不快になり、大悟ののちは馬祖のもとに帰らず、石頭のもとに留まりつづけたのでした。

さきに紹介した「即心是仏」＝「作用即性」＝「平常無事」という馬祖ふうのありのままの禅、五洩はそれに強い拒絶反応を覚えたのでしたが、そうした懐疑や批判をいだいた馬祖の弟子は五洩ひとりではありませんでした。そこからやがて、馬祖が「非心非仏《ひしんひぶつ》」「不是心《ふぜしん》、不是《ふぜ》仏《ぶつ》、不是物《ふぜもつ》」と説くようになったという新たな伝説が生み出され、馬祖に関する物語のなかに編みこまれてゆきました。さきに見た大梅法常の「即心是仏」と「非心非仏」の話（【資料15】）なども、そうした過程で創出された物語のひとつと考えられます。

不即不離の「我」と「渠」

そのような趨勢をうけて後起した石頭系の一派では、馬祖禅ふうのありのままの自己とは別次元の、本来性の自己に対する探求が深められてゆきました。石頭系の禅者たちは、それをしばしば「渠《かれ》」「他《かれ》」「伊《かれ》」などの三人称代名詞で指したり、「主人公《しゅじんこう》」とか「一人《いちにん》」という名で呼んだりするようになりました。

石頭《せきとう》―薬山《やくさん》―雲巌《うんがん》―洞山《とうざん》とつづいた系統が、後世、曹洞宗《そうとうしゅう》に発展してゆきますが、洞山は川を渡っている時、水面に映った自身の影を見て悟り、次のような歌を詠んだと伝えられています。師雲巌の遺言の深意を、師の喪があけたあと、旅の途中でようやく覚ったというはなしですが、雲巌先師の最後の教えも「ただ、これ、このとおりの男（只だ這个《こ》の漢是れなり）」というものでした（『祖堂集』巻五・雲巌曇晟章、頁二五三）。

〝他《かれ》〟につき随って覓めてはならぬ
〝我《われ》〟とははるかに疎遠なひとだから
よって〝我《われ》〟は今、ひとり行く
するとこんどは到る処で〝渠《かれ》〟と出逢う
〝渠《かれ》〟は今まさしく〝我《われ》〟である
しかし〝我《われ》〟は今〝渠《かれ》〟ではない
そのように会得して
はじめて如如に契うことができるのだ

切忌随他覓　　切に忌む〝他《かれ》〟に随いて覓むることを
迢迢与我疎　　迢迢《はるか》に〝我《われ》〟と疎なり
我今独自往　　〝我《われ》〟今、独自《ひと》り往き
処処得逢渠　　処処に〝渠《かれ》〟と逢うを得《う》
渠今正是我　　〝渠《かれ》〟は今、正に是れ〝我《われ》〟

我今不是渠　〝我《われ》〟は今、〝渠《かれ》〟に不是《あら》ず
応須与摩会　応《まさ》に須《すべか》らく与摩《かくのごと》く会《え》して
方得契如如　方《はじ》めて如如に契うを得ん

このうたは、後世、「過水《かすい》の偈《げ》」、水を渡っていたときのうた、と呼ばれています。歩いている自己と水面に映った自己、その二重の自己を見ながら、洞山は先師雲巌の意を覚りました。現実態の「我」と本来性の「渠」、その二にして一、一にして二、という不即不離の関係のうえにある自己こそが、雲巌のいう「ただ、これ、このとおりの男」であったのだ、と。それはかつて石頭が五洩に示した「ただ、これ、このとおりの男」のことでもありました。『祖堂集』はその時の洞山の立ち位置を、こう記しています。

――這《こ》の岸を離れて未だ彼《か》の岸に到らざる時

川を徒歩で渡っているのですから、こちら岸を離れ、向こう岸にまだ着いていない、というのは、言うまでもない当たり前のことのようです。しかし『祖堂集』のみに見えるこの一句は、単なる位置関係の説明ではありません。「彼の岸」はむろん仏教語の「彼岸《ひがん》」とかけてあり、したがって「這の岸」は此岸を含意しています。現実態の此岸の世界と本来性の彼岸の世界、そのいずれにも属さぬこの中間は、これまた五洩が立っていた「一脚は外に在り、一脚は内に在り」というあの一線と同じ場所を示唆しています。此岸と彼岸、迷と悟、その永遠の中間こそ、本来性の自己と現実態の自己の不一不異の姿を映し出すのに、最もふさわしい場なのでした。

師の雲巌にも、次のような問答が伝えられています。きょうだい弟子の道吾円智《どうごえんち》との一段です。


雲巌が茶をいれている。そこへ道吾が問いかける。

「何をやっておる」

「茶をいれておる」

「誰に飲ます」

「お一人（「一人」）茶をご所望の仁があってな」

「ならば、なぜ、そやつ（「伊」）に自分でいれさせぬ」

「うむ、おりよく、それがし（「専甲」）がおったものでな」


【資料27】師煎茶次、道吾問、「作什摩？」師曰、「煎茶」。吾曰、「与阿誰喫？」師曰、「有一人要」。道吾云、「何不教伊自煎？」師云、「幸有専甲在」。（『祖堂集』巻五・雲巌曇晟

章、頁二五二)

師(雲巌)茶を煎ずる次《おり》、道吾問う、「什麼《なに》をか作《な》す？」師曰く、「茶を煎ず」。吾曰く、「阿誰《たれ》にか喫《の》ます？」師曰く、「一人《いちにん》の要《ほっ》する有り」。道吾云く、「何ぞ〝伊《かれ》〟をして自ら煎ぜしめざる？」師云く、「幸いに専甲《それがし》有り」。

一見すると、文字どおり「茶のみ話」のような、何げない日常のひとこまです。しかし、ここで茶を所望するという「一人《いちにん》」は、実は雲巌自身の本来性の自己を暗示しています。それゆえ、その意を察した道吾も、ならば「伊《かれ》」に自分でいれさせたらどうかと応じます。「伊」は三人称の人称代名詞ですが、洞山のうたに出てきた「渠《かれ》」と同じく、これも本来性の自己を示唆することばです。しかし、本来性の自己は、現実態の動作・行為の次元には関わりません。茶をいれるという営為は、現実態の活き身の自己によってしかなされえないのです。

そこで雲巌はいいました、「幸いに専甲《それがし》有り」。うむ、おりよくそれがしがおったものでな。といっても、ここに二人の雲巌がいるわけではありません。自分がいれて、自分が飲む、ただそれだけのことです。しかし、ただ、それだけのことの間にも、かれらは常に本来性の自己と現実態の自己との、二にして一、一にして二――「渠」は「我」だが、「我」は「渠」ではない――という不即不離の関係を、ふかく掘り下げていたのでした。

雲巌には、もうひとつ、こんな問答も伝えられています。

住持の雲巌が掃きそうじをしているのを見て、寺主《じしゅ》（寺の事務長）が声をかけた。

「何も老師おん自ら、そうアクセクなさらずとも」

雲巌、「いや、ちゃんとお一人、アクセクせぬお人があるよ」

寺主、「どこに、そのような二つめの月がございましょう」

そこで雲巌は、にわかに箒を立ててこう言った。

「ならば、これは幾つめの月か？」

寺主は何も答えられなかった。

【資料28】師掃地次、叫寺主問師、「何得自駈駈？」師曰、「有一人不駈駈」。寺主曰、「何処有第二月？」師竪起掃箒云、「這个是第幾月？」寺主無対。（『祖堂集』巻五・雲巌章、頁二五五／同巻一二・荷玉章、頁五四五）

師（雲巌）地《ち》を掃《は》く次《おり》、叫寺主、師に問う、「何ぞ自ら駈駈《くく》たるを得ん？」師曰く、「一人《いちにん》有りて駈駈たらず」。寺主曰く、「何処《いずく》にか第二月《だいにげつ》有る？」師、掃箒《ほうき》を竪起して云く、「這个《これ》は是れ第幾月ぞ？」寺主無対。

雲巌のいう「一人《いちにん》」が指しているものは、さきほどのお茶の問答のときと同じです。現実態の「我」がいかにアクセク働こうとも、本来性の「一人」は常にそれを超えた次元にある。寺主は言います、そんなもう一つの月――「第二月《だいにげつ》」――がドコにありましょう。月が一つしかないように、自己も二つはないはずだ、という反駁です（「第二月」は『円覚経』や『首楞厳経』に見える譬喩で、ほんものの月のほかに見えるもう一つの月の幻影。『夢中問答集』下〔六七〕参照）。

そこで雲巌は持っていたホウキをさっと竪てて問いました、「しからば、これは幾つめの月か？」こうして箒を立てたこのわしは、さて本物の月か、もう一つの月か。アクセクせぬ「一人」とホウキを竪てる「我」、両者の別は厳然としてありながら、しかし、そこに二人の雲巌がいるわけではない。本来性の自己と現実態の自己、その別は確固としてありながら、両者は常に、二にして一、一にして二、という不即不離の関係において捉えられねばならないのでした。

後世、日本中世の曹洞宗の僧瑩山紹瑾《けいざんじょうきん》が弟子の峨山韶碩《がさんじょうせき》に「月に両箇《りょうこ》有るを知らざれば、洞上《とうじょう》の種草《しゅそう》となること能わず」、二つの月を知らなければ、曹洞の禅はつぎえない、そう説いたのも、まさにこの点を押さえたものでしょう（『峨山和上行状』）。

しかし、かつて本来性＝現実態という馬祖禅の思想に、身内から懐疑や批判の声が出てきたように、石頭系の禅にも、やはりその限界を問題視する声が現われました。

洞山について、巌頭全豁《がんとうぜんかつ》という僧は「洞山はみごとな仏だが、ただ光《ひかり》がない」と評しました。またくだんの「過水の偈」についても、「そんなことでは己れ自身をも救い得まい」と断じ、こう説いています、「もし大いなる教えを挙揚しようと思うなら、一つ一つのことばが自己の胸襟からほとばしり、天地をおおいつくすほどでなければならぬ」と（いずれも『祖堂集』巻七「巌頭章」、頁三三七、三三九）。本来性と現実態の玄妙深遠な関係に内向する禅が、外なる現実世界にはたらき出る能動的な活機を失っているという批判でしょう。

唐末五代の時代になると、馬祖系の禅と石頭系の禅の高次の統合や自在な使い分けがテーマになっていきました。臨済の「無位《むい》の真人《しんにん》」も、そうした課題にたいする回答の一つ——「作用即性」の「主人公」化——と看ることができます。ありのままの自己の是認とありのままを超えた自己の探求、その二本の軸の間の対立や交錯や融合の動きが、この後の禅の思想史の基本的な構図を形づくることになるのでした。

3　盤珪と損翁

盤珪の「不生の仏心」

この構図には関連するさまざまな問題と事例がありますが、ここではその一例として、はるか後世、日本の江戸時代の話にふれておきましょう。まず、盤珪《ばんけい》禅師の説をみてください。

盤珪は「不生《ふしょう》の仏心《ぶっしん》」ということをしきりに説きました。「不生」というのは後天的に新たに生み出されたものでなく、もともと具わっているものだということです。親から生みつけてもらったものは、この「不生の仏心」ただひとつ。それにさえ目覚めておれば、寝れば「仏心」で寝、起きれば「仏心」で起き、歩くも坐るも、しゃべるも黙るも、飯を食うのも服を着るのも、みな「仏心」での営みにほかならない。さすれば、へいぜいより自らが「活き仏」なのであって、いついかなる時も、自ら「仏」でない時がない。ことさら「仏」になろうと励んだり、修行中の居眠りを叩いたり叱ったりするのは、とんだ見当ちがい。わざわざ「仏」になろうとするよりも、「仏」でいるほうが、面倒がなくて、近道でござる。

盤珪はいつもそんなふうに説いていました。唐代禅、とくに馬祖禅の原初の生命を活き活きと再現したものと言えるでしょう。盤珪のことばは平明で、訳してみても原文とほとんど変わらなくなりますし、せっかくのリズムが失われますので、ここはこのまま、できれば声に出して、読んでみてください（「 」とふりがなを大幅に追加しました。とりあえず読みやすくはなっていると思いますが、盤珪禅師自身のよみかたと、完全には同じでないかもしれません）。

平生《へいぜい》「不生《ふしょう》の仏心《ぶっしん》」決定《けつじょう》して居《お》る人は、寝《ね》れば仏心で寝、起《お》きれば仏心で起き、行《ゆけ》ば仏心で行き、坐《ざ》すれば仏心で坐し、立《た》てば仏心で立ち、住《じゅうす》れば仏心で住し、睡《ねむ》れば仏心で睡り、覚《さむ》れば仏心で覚め、語《かた》れば仏心で語り、黙《もく》すれば仏心で黙し、飯《はん》を喫《きっ》すれば仏心で喫し、茶《ちゃ》を喫《きっ》すれば仏心で喫し、衣《ころも》着れば仏心で着、脚《あし》を洗えば仏心で洗ひ、一切時中《いっさいじちゅう》、常住《じょうじゅう》仏心で居《おっ》て、片時《かたとき》も仏心にあらずと云《い》ふ事なし。事事物物《じじぶつぶつ》、縁《えん》に随《したが》ひ運《うん》に任《まか》せて、七通八達《しちつうはったつ》す。（鈴木大拙『盤珪禅師語録』岩波文庫、頁九九）

みなが仏《ほとけ》にならふと思ふて精《せい》を出《だ》す。それ故眠《ねむ》れば、しかりつ、たゝひつするが、それはあやまり。仏にならふとせうより、みな人々《にんにん》親の産付《うみつけ》たは余《よ》のものは産付はせぬ、只《ただ》「不生の仏心」一ツばかり産付た所で、常に其《その》「不生の仏心」で居《お》れば、寝《ね》りや仏心で寝、起《おき》りや仏心で起て、平生活仏《いきぼとけ》でござつて、早晩《いつ》仏で居《おら》ぬといふ事はない。常が仏なれば、此外又別《このほかまた》になる仏といふてありやせぬ。仏にならふとせうより、仏で居《お》るが造作《ぞうさ》になふて、ちかみちでござるわいの。（同頁九〇）

盤珪はまた、こんなふうにも説いていますーーみな誰しも生まれながらに霊明《れいみょう》な「不生な仏心」を具えている。その「不生の仏心」ひとつで、すべての事が過不足なくうまく運ぶ。現に、こうしてわしの説法を聞いておるとき、カラスの声やスズメの声が耳に入ってくる。すると、ことさら聞こうとも思わぬのに、カラスの声はカラスの声、スズメの声はスズメの声と、いささかも違《たが》えることなくちゃんと聞こえる。鐘の音、太鼓の音。男の声、女の声。おとなの声、こどもの声……。いずれも混同されることなく、それぞれがそれぞれとして明らかに分かれて聞こえる。それは「不生の仏心」の霊明なるはたらきにほかならない。「不生の仏心」そのままにいる人は、未来永劫、「活きた如来」なのである。

盤珪はくりかえし、そう説いています。ここも原文のまま、できれば声に出して、よんでみてください（句点を変更し、ふりがなを大幅に追加しました。ここも盤珪禅師自身のよみかたと少し異なるところがあるかもしれません）。

禅師《ぜんじ》衆に示して曰《いわく》、皆親《おや》のうみ附《つけ》てたもつたは仏心《ぶっしん》ひとつで御座《ござ》る。余《よ》のものはひとつもうみ附はしませぬ。其親《おや》のうみ附てたもつた仏心は不生《ふしょう》にして霊明《れいみょう》なものに極りました。不生な仏心、仏心は不生にして霊明なものでござつて、不生で一切事がとゝのひまするわひの。其《その》不生でとゝのひまする不生の証拠は、皆の衆がこちらむひて身どもがかふ云事《いうこと》を聞《きい》てござるうちに、うしろにて烏《からす》の声《こえ》・雀《すずめ》のこゑ、それ〳〵の声をきかふとおもふ念を生ぜずに居《お》るに、烏のこゑ・雀の声が通じわかれて間違《まちが》はずにきこゆるは、不生で聞《きく》といふものでござるわひの。其如《そのごと》くにみな一切事が不生でとゝのひまする。是《これ》が不生の証拠でござるわひの。其《その》不生にして霊明な仏心に極つたと決定《けつぢやう》して、直に不生の仏心のまゝで居る人は、今日より未来永劫《みらいえいごう》の活如来《かつにょらい》で御座るわひの。今日より仏心で居るゆへに、我《わが》宗を仏心宗《ぶっしんしゅう》といひますわひの。

さて皆の衆がこちらむひてござるうちに、うしろで啼雀《なくすゞめ》の声を烏《からす》の声とも間違《まちが》はず、鐘《かね》の声を太鼓《たいこ》のこゑとも聞《きき》たがはず、男のこゑを女の声とも聞たがはず、おとなの声を子供の声とも聞たがはず、皆それ〴〵の声を、ひとつも聞たがはず、明らかに通じわかれて、聞そこなはず聞しるは、霊明の徳用ともいふものでござるわひの。是《これ》が則《すなわち》仏心は不生にして霊明なものといひまする、其《その》霊明な証拠でござるわひの。（鈴木大拙編校・岩波文庫、頁三三。ほかに同頁一〇一、頁六五など参照）

盤珪はふつうの話しことばで説くことを身上としていました。その語録は、どこを開いても平明で躍動感にあふれています。漢字の禅語などは出てきませんが、言っていることは、かつての保唐寺無住や馬祖の禅の、素直でおおらかな再生と見受けられます。

大拙博士は、盤珪のそのままはただのそのままではなく、空観的な絶対否定をへた「般若即非」のそのままだという評価をしておられますが、それは盤珪の思想というより、むしろ大拙博士ご自身の思想というべきでしょう（大拙博士の思想については第4講で詳しく考察します）。すなおに読めば、「即心是仏」「作用即性」「平常無事」ということを、いにしえの中国の禅の祖述でなく、今現在のわが身の上の活きた事実として、ありありと実感し、活き活きと体現し、そしておおらかに語っている、それが盤珪の禅だと感ぜられます

「驢前馬後の漢」

しかし、盤珪のこのような説に対して、元禄期の曹洞宗の僧、損翁宗益《そんのうしゅうえき》（一六四九―一七〇五）の次のような批判が伝えられています。法嗣の面山瑞方《めんざんずいほう》が筆記した『見聞宝永記《けんもんほうえいき》』という書物に見える一段です。

白蓋《びゃくがい》老尊宿というお方があった。奥州の永徳寺の前の住持である。事情があって寺を退き、泰心院に仮寓していた。自らいうところでは、壮年に網干《あぼし》の盤珪禅師に参じたとのことである。それで、ひとりの僧があるとき盤珪禅師の教えの要旨をたずねた。白蓋によれば盤珪禅師は常に人々にこう示していたという、「ただ不生のみを守れ。ひとりひとりの人すべてに仏性があるが、妄念に覆いかくされている。それゆえ妄念さえ生じなければ、そのまま仏性そのものである。よく解りたければ、さらに聞け。坐禅しているなかで鐘の音が聞こえてきたとする。ああ、これは鐘の音だ、と思量するのは妄念である。思量せずして鐘の音を知るもの、それがすなわち〝本有円成《ほんぬえんじょう》の活仏心《かつぶっしん》〟である。こういうわけで、ただ不生をさえ守れば、それが己れそのものなのである」。

師はこの話を聞いて、こういわれた。「盤珪は、ほんとうに、ただそれだけなのか！　もしこのとおりの見解なら、いまだ凡夫の窟を出ておらぬ。どうして仏性・仏心の談に及びえよう！　なぜか？　思量せずして受け取るものを〝受《じゅ》〟という。つまり五蘊の第二にすぎぬ。それゆえ古徳〔宗密〕も〝もろもろの受を受けぬのが正受《しょうじゅ》である〟と説いておられる。そうした〝受〟を〝本有円成の活仏心〟と看なすなら、それは車を北に向けて南国の越に行こうとするような見当ちがいにほかならぬ。それでは二乗の小路にさえ入っておらぬ。まして仏祖の大道など、望むべくもない。祖師〔三祖『信心銘』〕が〝豪釐《ごうり》も差あれば、天地懸隔《けんかく》す〟と説かれているが、これこそ天地ほどの隔たりである。洞山祖師が〝驢前馬《ろぜんば》後《ご》の漢〟といい、長沙景岑《ちょうしゃけいしん》が〝無量劫来生死《むりょうごうらいしょうじ》の本、痴人《ちじん》は喚びて本来人《ほんらいにん》と作す〟といっているのも、みなこれのことである。これが恐れおののかずにおれようか！　しかし、盤珪どのがそうであるとは疑わしい。ただの聞きかじりの受け売りにすぎまい」。

【資料29】有白蓋老尊宿、奥州永徳寺前住也。因事退院、来寓泰心。自謂壮年参網干盤珪禅師。或僧因問盤珪禅師法要。白蓋謂珪禅師常示人云、「但守不生。人人各各本有仏性。為妄念見蔽。是故妄念不生、即是仏性。欲委悉則更聞。譬如定中聞鐘声時、思量是鐘声者妄念也。不思量而知鐘声底物、是即本有円成活仏心也。以故但守不生、則便当人耳」。
師聞之云、「盤珪実止如此歟！　若実如此見解、則未出凡夫之窟。豈及仏性仏心之談哉！何者？　不思量而領納底是名受、即五蘊第二耳。是故、古徳云、〝不受諸受、是名正受〟。若認此受以為本有円成活仏心、則北轅向越也。未入二乗之小径、況仏祖大道乎！　祖師云、〝豪釐有差、天地懸隔〟。実是天地懸隔。洞山祖師云〝驢前馬後漢〟、長沙云〝無量劫来生死本、痴人喚作本来人〟皆指此也。可不恐而惶哉！　雖然、疑珪老者不如是、但塗説也耳」。（『続曹洞宗全書』第九巻「法語・歌頌」、曹洞宗全書刊行会、一九七四年　頁四二二上／訓点を省き、句読を全面的に改めた）

白蓋《びゃくがい》老尊宿なる有り、奥州永徳寺の前住なり。事に因りて退院し、来りて泰心に寓す。白ら謂く、壮年、網干《あぼし》の盤珪禅師に参ぜりと。或る僧、因みに盤珪禅師の法要を問う。白蓋謂く、珪禅師、常に人に示して云く、「但《た》だ不生《ふしょう》を守れ。人人各各《にんにんおのおの》、本より仏性有り。妄念《もうねん》の為に蔽《おお》わるのみ。是《こ》の故《ゆえ》に妄念不生《もうねんふしょう》なれば、即ち是れ仏性《ぶっしょう》なり。委悉《いしつ》せんと欲さば則ち更に聞け。譬如《たと》えば定《じょう》中に鐘声《しょうせい》を聞く時、是れ鐘声なりと思量するは妄念なり。思量せずして鐘声を知る底の物、是れ即ち本有円成《ほんぬえんじょう》の活仏心《かつぶっしん》なり。この故を以って但だ不生を守れば、則便《すなわ》ち当人なる耳」。

師之《これ》を聞きて云く、「盤珪、実に止《た》だ如此《かくのごと》くなるのみ歟《か》！　若し実に如此き見解《けんげ》なれば、則ち未だ凡夫《ぼんぷ》の窟《くつ》を出ず。豈《あ》に仏性仏心《ぶっしょうぶっしん》の談に及ばん哉《や》！　何となれば、思量せずして領納《りょうのう》する底は是れ受《じゅ》と名づく、即ち五蘊《ごうん》の第二なる耳。是の故に、古徳〔宗密〕云く、〝諸受を受けざる、是れ正受《しょうじゅ》と名づく〟と。若し此の受を認めて以って「本有円成の活仏心」と為せば、則ち轅《ながえ》を北にして越《えつ》に向うなり。未だ二乗《にじょう》の小径《しょうけい》に入らず、況《いわ》んや仏祖の大道を乎《や》！　祖師〔三祖『信心銘』〕云く、〝豪釐《ごうり》も差有れば、天地懸隔《けんかく》す〟と。実に是れ天地懸隔なり。洞山《とうざん》祖師云く〝驢前馬後《ろぜんばご》の漢〞、長沙《ちょうしゃ》云く〝無量劫来生死《むりょうごうらいしょうじ》の本、痴人《ちじん》は喚びて本来《ほんらい》人《にん》と作《な》す〞と、皆な此を指すなり。可《な》んぞ恐《おそ》れて惶《おそれ》れざらん哉《や》！ 然《しか》りと雖《いえど》も、疑うらくは珪老なる者、如是《かくのごと》くならざらん、但だ塗説《とせつ》なるのみ」。

「洞山祖師が〝驢前馬後《ろぜんばご》の漢〞といい」というのは、洞山良价の問答をふまえています。洞山が僧に、そなたの「主人公」はと問うと、僧は迷わず、現にこうしてお答え（祇対）している者がそれですと答えました。馬祖禅ふうの正解をすでに身につけていたのでしょう。その答えを聞いた洞山は、今どきの者は「驢前馬後」のものを「自己」と思いなすばかり、これこそまさに仏法の沈没だと嘆いたという話です（『景徳伝灯録』巻一五・洞山章）。

「驢前馬後」は驢上・馬上の主人公に対してその前後をついてまわる従者・下僕のことで、そこから本性（体）に対する作用（用）を指す喩えとなっています。生理的な身心の作用をそのまま「自己」とみなすのは、驢馬や馬の前後につきしたがう下僕を、馬上の「主人公」ととりちがえるような顛倒だというわけです。

　長沙景岑《ちょうしゃけいしん》云々も同様の話です。馬祖禅を学んできたとおぼしき、さる大臣が長沙のもとを訪れて問答し、こう言いました、「現にこうして応答（「祇対」）するものを差し置いて、ほかにもう一人の主人公など存在するはずがない」。それに対して長沙は、いかに重臣であってもそれを皇帝陛下とおよびするわけにはまいりますまい、とたしなめつつ、次の一首を詠みました（『景徳伝灯録』巻一〇・長沙章）。

道を学ぶ者たちが〝真〟を見知らぬのは
ひとえに〝識神《しきしん》〟をそれと看なすから
無始劫《むしごう》以来の生死《しょうじ》のもと
それを愚か者どもは〝本来身《ほんらいしん》〟と呼びなしている

学道之人不識真　　学道の人の真を識らざるは
只為従来認識神　　只だ従来、識神《しきしん》を認むるが為なり
無始劫来生死本　　無始劫来の生死の本
痴人喚作本来身　　痴人《ちじん》は喚びて本来身と作《な》す

意識の生理的作用にすぎぬ「識神」、それは輪廻のもとであるにもかかわらず、痴れ者どもはそれを本来の自己と思いなし、それがために真実を見失ってしまっている、という趣旨です。長沙は趙州と同じく南泉の弟子、つまり馬祖からいえばマゴ弟子にあたりますが、この人もつとに「作用即性」への懐疑を示していたのでした。

「不生」を「妄念が生じない」ことととり、「仏心」と「妄念」の関係をかつての「北宗」に

おける日輪と浮雲、鏡と塵のようなイメージでとらえるなど、白蓋の伝え方にはたしかに平板に通俗化している面がなくはありません。しかし、かといって、盤珪の所説をひどく誤解したり曲解したりしたものとも言えないでしょう。にもかかわらず損翁は、それを道聴塗説の誤伝にちがいないと断じます。盤珪の説がそのとおりなら、それは洞山や長沙が非難していたものとなんら択ぶところがない、盤珪ほどのお人がそんなことを説くはずがないではないか、というわけです。盤珪に対する評価云々ということより、損翁には「作用即性」説というもの自体が、ともかく受け容れられなかったのでしょう。

ありのままの自己に対する肯定と否定——その対立は、はるか後世、江戸時代の日本の禅門にいたっても、なお、禅の分岐点としての深刻な意味を失っていなかったのでした。

第3講　問答から公案へ・公案から看話へ——宋代の禅

1　宋代禅と公案

朱子の参禅

今回は宋代の「公案《こうあん》」禅について考えます。

まず、次の逸話をご覧ください。『枯崖漫録《こがいまんろく》』という宋代禅門の随筆のなかの一段です。

江西雲臥瑩庵主《こうぜいうんがえいあんじゅ》〈仲温暁瑩〉の談——径山《きんざん》の謙首座《けんしゅそ》〈開善道謙〉が建陽に帰り、仙洲に庵を結ぶと、その徳を慕う者たちがよろこんで帰依するようになった。たとえば、曾天游《そうてんゆう》、呂居仁《りょきょじん》、劉彦修《りゅうげんしゅう》といった人々である。

朱元晦《しゅげんかい》〔朱熹〕も書簡で道を問い、時に山中を訪れていた。ある時の回答に、大略、次のようにあった。「二六時中、何事か有れば臨機応変にその事に対処し、何事も無ければ己が一念において参究せよ——狗子《クシ》ニ還《ハ》タ仏性有リヤ。趙州云ク、無《ム》！ と。ただひたすら、この話頭を参究するのだ。思考してもいけない、穿鑿してもいけない。知見を生じてもいけない、無理やりに肯定してもいけない。眼をつぶって黄河を跳び越えるごとく、越えられようが越えられまいが、ともかく十二分の気力をふりしぼって一気に跳ぶのだ。跳び越えられれば、一跳びで千万の問題が決着しよう。もし、跳び越えられなければ、さらにひたすら跳べ。成否を考えず、危険を顧みず、果敢に前進せよ。決してもたついてはならぬ。もし、ためらい、意識が動けば、たちまち的外れだ」。

道謙は劉彦修の招請をうけて建州開善寺《かいぜんじ》の住持となった。雲臥《わし》とは長年ともに大慧に仕えた仲である。劉朔齋《りゅうさくさい》が言っていた、「朱文公先生〔朱熹〕が初めて李延平《りえんぺい》に道を問うた時、持ち物のなかにあったのは、『孟子《もうじ》』一冊と『大慧語録《だいえごろく》』ひとそろいのみであった」と。

（『枯崖漫録』巻二）

朱元晦《しゅげんかい》というのは朱熹《しゅき》（一一三〇—一二〇〇）、すなわち、いわゆる「朱子学」の祖とされる、かの朱子のことです。彼が若き日、熱心に禅に参じた経験をもつことはよく知られています。でも、それは、彼ひとりのことではありませんでした。史実としての信憑性はともかくとして、右の逸話は、宋代士大夫《したいふ》社会における禅の影響の広がりと深まりをうかがうに足るものではあるでしょう。

前講で看たように、唐代禅の基調は、馬祖《ばそ》によって定められました。つづいて第二の主流として石頭系《せきとう》の禅が後起しましたが、そこに見られる新たな考えも、馬祖禅に対する反措定としてはじめて意味をもつものでした。前講ではその馬祖禅の考え方を、次のようにまとめました。

（1）「即心是仏《そくしんぜぶつ》」――自らの心がそのまま仏である。
（2）「作用即性《さゆうそくしょう》」――自己の身心の自然なはたらきはすべて仏性の現れにほかならない。
（3）「平常無事《びょうじょうぶじ》」――人為的努力を廃して、ただ、ありのままでいるのがよい。

むろん、前にも述べたとおり、これは説明のための便宜的な整理であって、実際にはこれらはひとつの考えでした。すなわち、自己の心が仏なのであるから、自身の営為はすべてそのまま仏作仏行にほかならず、したがって、ことさら聖なる価値を求める修行などはやめて、ただ「平常」「無事」でいるのがよい、と。要するに、本来性と現実態の無媒介の等置――ありのままの自己の、ありのままの是認――それが馬祖禅の基本精神だったのでした。

このような考え方に対しては、すでに馬祖の門下のなかにも早くから懐疑や批判がありました。さらに石頭系の禅者たちの間からは、ありのままの現実態に還元されない本来性の自己

――「渠《かれ》」「一人《いちにん》」――の探求が現れてきました。

しかし、右に要約したような馬祖禅の基本精神は、唐代はもとより、宋代においても禅の基調として強い影響力をもちつづけました。そして他の多くの思想がそうであったように、影響の広範さに比例した、安易な通俗化の弊害をも免れませんでした。宋代の禅者たちが、やがて右のような唐代禅的・馬祖禅的な考え方の克服を自らの課題とし、新たな思想と実践のありかたを志向するようになっていったのは、自然の勢いであったと言えるでしょう。

公案禅――「文字禅」と「看話禅」

宋代の禅は、一言でいえば禅の制度化の時代でした。一つは、禅宗が国家の政治・経済・文化の制度のうちに組み込まれていったという外的な意味。もう一つは、それに応じて禅宗内部の機構や修行形態が制度的に整備・規格化されるようになったという内的な意味においてです。

宋代には主要な禅院が官寺として朝廷の支配下に置かれ、住持の任免や異動がいわば官庁の許認可のもとに行われるようになりました。それにともなって寺院組織の経営や寺産の管理・運用、士大夫文人官僚層との交際が、一流の禅師たちの重要な仕事になりました（なんだか最近の大学と似ています）。一方、士大夫たちにとっても、程度の差こそあれ、禅の世界との接触が、心の支えや教養の糧、あるいは哲学的探求や詩文作成の素材となったりしました。時には参禅が、官界における人脈形成の手づるとなることもあったようです。

そうした趨勢のなか、禅院内部でも、国家と皇帝のための祈祷が定例の業務となり、官僚機構に似た階層的な職務体系が組織され、種々の規則が「清規《しんぎ》」という名で成文化されました。修行の面でも、教材と教授法の規格化がすすみます。唐代の禅の修行が親方のもとでの徒弟奉公のようなものだったとすれば、宋代のそれは、学校での技術者養成課程のようなものになったとでも言えるでしょうか。具体的には「公案《こうあん》」の使用がそれです。禅門共有の古典として収集・選択された先人の問答の記録である「公案」、それを所与の教材として参究することが修行の中心となっていったのです。

「公案」参究の方法は、大まかに「文字禅《もんじ》」と「看話禅《かんな》」の二つに分けて考えることができます。「文字禅」は、公案の批評や再解釈を通して禅理を闡明しようとするもの。「代語《だいご》」（公案に対する代案の提起）、「別語《べつご》」（公案に対する別解の提起）、「頌古《じゅこ》」（公案に対する詩偈による批評）、「拈古《ねんこ》」（公案に対する散文による批評）、「評唱《ひょうしょう》」（先行の「頌古」「拈古」を用いた講義・提唱）などが、その具体的な手段となります。

そのような方式が、儒教の経典や歴史書、先人の詩文などの文言を大量に諳んじ、それを典拠として駆使しながら自分も次の詩文を綴るという士大夫の文化——「科挙《かきょ》」というのはそういう能力を測る試験であり、宋朝の官僚はみなその「科挙」によって選抜されているわけですが——それを反映したものであることは明らかでしょう。

いっぽう「看話禅」は、特定の一つの公案に全身全霊を集中させ、その限界点で心の激発・

大破をおこして決定的な大悟の実体験に到ろうとする方法です。その際、最も重視され多用された公案が「趙州無字《じょうしゅうむじ》」の話《わ》でした。冒頭に掲げた朱子の話は、史実のほどはともかく、「無《む》字《じ》」の公案を用いた「看話禅」参究の雰囲気をとてもよく伝えているように思われます。

時代区分に即して言えば、宋代禅は「公案禅」の時代で、うち北宋《ほくそう》期は「文字禅」が主流を占め、やがて北宋末の大慧宗杲《だいえそうこう》に至って「看話禅」がそこに加わるという流れになります。ただし、「看話禅」はたいへんな勢いで禅門を席巻しますが、それによって「文字禅」の営みが淘汰されたわけではありません。「看話禅」の大成者である大慧自身が膨大な「文字禅」の作品をのこしているように、「看話禅」で悟り「文字禅」で表現する、というのが、南宋《なんそう》以降の大勢であったと言えるでしょう。

「公案禅」という呼称がこれまで広狭さまざまな意味で使われ、混乱のもとになってきました。とくに「公案禅」と「看話禅」を不用意に同義語として用いてきたことが、話をややこしくしています。「只管打坐《しかんたざ》」といいながら道元《どうげん》も公案を用いているではないか、とか、公案に反対していた道元に公案集の著作があるのはナゼか、とか……。

しかし、「公案禅」は「公案」を扱う禅の総称、「文字禅」と「看話禅」はその下位区分、と整理して考えれば、そういう問いのおかしさが解ります。道元が反対していたのは「看話禅」であって、「公案禅」一般ではありません。大著『正法眼蔵《しょうぼうげんぞう》』は、「看話禅」に反対しながら、むしろ、和文による新種の「文字禅」を展開したものと看るべきでしょう。

『汾陽頌古』から『碧巌録』へ

系統的な「文字禅」の営為は、おそらく北宋初の汾陽善昭《ふんようぜんしょう》（九四七—一〇二四／臨済宗）にはじまります。古人の問答百則を選んで詩を付した『汾陽頌古《ふんようじゅこ》』や、禅問答を発問の型によって分類した『汾陽十八問《ふんようじゅうはちもん》』などの作品がのこっています。

その後をうけて「文字禅」の頂点を極めたのが、雪竇重顕《せっちょうじゅうけん》（九八〇—一〇五二／雲門宗）の『雪竇頌古《せっちょうじゅこ》』と、それに対する圜悟克勤《えんごこくごん》（一〇六三—一一三五／臨済宗）の講義録『碧巌録《へきがんろく》』でした。『雪竇頌古』は汾陽の場合と同じく、雪竇が自ら選んだ百則の公案に詩を付したもので、後にその公案と雪竇の詩を圜悟が順次講じていった記録がまとめられて『碧巌録』になりました。

『碧巌録』は「文字禅」の精華と称すべき書物です。公案と頌古に対する論評の詳しさ、公案中の登場人物に関する故事・話頭の紹介の豊富さなどから、禅門の教科書的な役割を果たしてきた書物でもありました。しかし、近年の解読によって、圜悟の評唱は、それにとどまらず、同時代の通説・俗説を痛烈に批判しつつ修行者に実地の大悟を要求するという、強い実践的志向をもっていることが解ってきました。その論点として、おおむね次の三点を抽出することができます。

（1）「作用即性」と「無事」禅の否定——ありのままの自己をありのままに肯定するという

考えは迷妄である。

（2）「無事（0度）→大悟（180度）→無事（360度）」という円環の論理——ありのままに安住せず、決定的な大悟徹底の体験を得なければならない。大悟徹底の体験を得たうえではじめて、すべては本来ありのままで円成していたのだとわかる。

（3）「活句《かっく》」の主張——大悟徹底のためには、公案を字義に沿って合理的に解釈する立場を捨て、公案を、意味と論理を拒絶した絶待の一語と看なければならぬ。

ただし、この三点は『碧巌録』のなかではまだバラバラに見出されるだけで、その相互の連関も示されていません。しかし、これらをつなげて考えれば、そこで潜在的に志向されているのが、「活句」に参ずることで、ありのままの「無事」を打破して徹底大悟にいたる、という禅であることが推定できます。ここまで来れば、大慧の「看話禅」まであと一歩ではないでしょうか。

「看話禅」を確立した大慧《だいえ》宗杲《そうこう》（一〇八九—一一六三）が圜悟の法嗣であったことは偶然ではありません。大慧が『碧巌録』の版木を破砕したという有名な伝説がありますが、それは『碧巌録』がもっぱら文字禅のタネ本として流行している風潮に憤って、という話であって、圜悟から大慧へ、『碧巌』から「看話」へ、という思想史的な連続性と矛盾するものではありません。

巨視的に看れば、『碧巌録』は「文字禅」を極めることで「看話禅」への端緒を開いた書物であり、唐代禅を克服して宋代禅が生み出されてゆく動的な演変の過程を如実に伝える書物なのでした。

2　野鴨子の話と唐代禅批判

「平常無事」批判

具体例として、まず、前講でみた馬祖《ばそ》と百丈《ひゃくじょう》のカモの話――『碧巌録』第五三則「馬大師《ばだいし》野鴨子《やおうす》」――をもう一度見てみましょう（【資料13】）。

馬祖が百丈と歩いていたとき、カモの飛んでゆくのが目に入った。

馬祖、「何だ?」

百丈、「カモです」

「どこへ行った」

「飛んで行ってしまいました」

すると、馬祖は、百丈の鼻をひねりあげた。

――イタタタタッ!

百丈は思わず、悲鳴をあげる。

そこで馬祖は、ひとこと、

「飛んで行ってなどおらんじゃないか」

圜悟は公案を評唱するなかで、しばしば同時代の通説・俗説を、痛烈に批判したり揶揄したりしています。この則の評唱でも「今どき」の見解が次のようにヤリダマにあげられています。

昨今、ある連中はこう言うておる。「もともと〝悟り〟など有りはしない。〝悟り〟の門なるものをこしらえ、方便として仮りに〝究極の一事〟なるものを立てているにすぎない」と。こういうのを獅子身中の虫というのだ。古人も言うておるではないか、「源が深くなければ流れは長くつづかない。智慧が大きくなければ見解は遠くまで及ばない」と。仮りに立てたものなどという理解をしておったら、仏法がどうして今日までつづきえたであろう！

【資料30】而今有者道、「本無悟処、作箇悟門、建立此事」。若恁麼見解、如獅子身中虫自食獅子肉。不見古人道、「源不深者流不長、智不大者見不遠」。若用作建立会、仏法豈到如今？（入矢・溝口・末木・伊藤訳注『碧巌録』岩波文庫、中一頁二〇九）

> 而今《いま》有る者は道《い》う、「本と悟処《ごしょ》無し、箇の悟門《ごもん》を作って、〝此の事〟を建立す」と。若し恁麼《かくのごと》き見解《けんげ》なれば、獅子身中の虫の白ら獅子の肉を食うが如し。見ずや古人道く、「源深からざる者は流れ長からず、智大いならざる者は見遠からず」と。若し用《もっ》て建立の会《え》を作《な》さば、仏法豈《あ》に如今《いま》に到らんや。

当時、圜悟が「獅子身中の虫」と非難せずにおれぬほど横行していたのは、本来「悟り」など存在しない、「悟りの門」とか「究極の一事」とかいったものは方便のために仮りに立てられたものにすぎない、という説でした。「悟り」などというのは仮設の観念であって、そんなものを求めずありのままでいることが、結局、道にかなっているのだという説です。これが馬祖禅ふうの「平常無事」の考えをひきつぐものであることは言うまでもありません。圜悟はここで、「悟り」の体験の実在を確信しつつ、そういう「平常無事」の禅に強く反対しているのでした。

「作用即性」批判

圜悟は後文で、さらに、次のような見解も批判しています。

昨今、ある連中はこの話頭を誤解して、問われるやいなや「イテテテッ！」と悲鳴をあげる。だがこれでは、おめでたいことに、ワクからは跳び出せない。……もし、ただ草木によりすがる亡霊のごとく、「驢前馬後《ろぜんばご》」というやつを見て取るだけなら、いったい何の役に立とう。馬祖・百丈のこのはたらきを見るがよい。いかにも「昭昭霊霊《しょうしょうりょうりょう》」のようでありながら、「昭昭霊霊」のところにとどまってはいないのだ。……

【資料31】而今有底錯会、纔問著便作忍痛声。且喜跳不出。……若只依草附木、認箇驢前馬後、有何用処。看他馬祖百丈恁麼用。雖似昭昭霊霊、却不住在昭昭霊霊処。……（頁一一〇）

而今《いま》有る底《もの》は錯《あやま》り会《え》して、纔《わず》かに問著《もんじゃく》するや便ち忍痛《にんつう》の声を作す。且喜《めでた》くも跳び出せず。……若し只だ依草附木《えそうふぼく》して、箇の驢前馬後《ろぜんばご》を認むるのみなれば、何の用処《ゆうじょ》か有らん。看よ他《か》の馬祖《ばそ》・百丈《ひゃくじょう》の恁麼《かくのごと》くに用《はたら》くを。昭昭霊霊《しょうしょうりょうりょう》に似たりと雖も、却って昭昭霊霊の処に住《と》在《どま》らず。……

「野鴨子《やおうす》」の公案について問われるなり、すぐさま「イテテテッ！」と悲鳴をあげて見せる、そんな答え方が宋代の禅門でひろく行われていたようです。鼻をひねられた百丈に即座になりきって見せ、痛痒を感ずるこの瞬間の活き身の我、これこそ馬祖が直指しようとした当のものだという実演でしょう。軽薄の感は否みがたいものの、理論的には、馬祖禅の「作用即性」説の祖述であることは間違いありません。

しかし、圜悟はそうした風潮に憤り、馬祖・百丈の野鴨子の話を「作用即性」説で理解してはならぬと断じているのです。「驢前馬後」を実体視してはならぬ、馬祖・百丈がやっていることは「昭昭霊霊」のように見えるけれども、その本質は「昭昭霊霊」のところにはない——圜悟がそう言っているのも、まさにその意味です。

「驢前馬後」は、第2講のおわりでもみたとおり、驢上・馬上の主人公に対してその前後をついてまわる従者・下僕のこと。そこから本性（体）に対する作用（用）を指す喩えとなっています。「昭昭霊霊」は、その作用がイキイキ、アリアリとはたらくさまをいう擬態語で、やはり、見聞覚知《けんもんかくち》や言語動作などの作用を指しています。

圜悟は野鴨子の話が「作用即性」の観点から解されることの自然さを認めながら、にもかかわらず、敢えて、この話をそこから引き剥がそうとしているのです（ちなみに若き日の朱子が大慧の弟子の開善道謙に参じた際、道謙から「昭昭霊霊」の禅は解っているようだ——「昭昭霊霊」の禅しか解っていない——と評されたことを、朱子自身が回想しています。『朱子語類』巻一〇四—三八）。

右に引いた二つの箇所、ひとつは「平常無事」への批判、ひとつは「作用即性」への批判でした。この二段は『碧巌録』の本文ではすこし離れた箇所に出ていますし、相互のつながりも説かれてはいません。しかし、前講の考察をふまえれば、この二つの批判が別々の話でないことは言うまでもありません。ならば圜悟は、どうしろというのでしょうか? 次にもう一つの公案で看てみましょう。

3　趙州の七斤布衫

「万法帰一」の話をめぐって

『碧巌録』の第四五則は「趙州万法帰一《じょうしゅうばんぽうきいつ》」という次のような話です。趙州《じょうしゅう》は馬祖の弟子の南泉《なんせん》の弟子で、つまり馬祖のマゴ弟子にあたる人です。

僧、「すべての事物は根本の一者に帰すると申します。では、その一者は、いったい、いずこに帰するのでしょう?」
趙州、「わしは青州《せいしゅう》で一着の布衫《ふさん》をあつらえた。その目方は七斤《しちきん》であった」

【資料32】僧問趙州、「万法帰一、一帰何処?」州云、「我在青州作一領布衫、重七斤」。
(『碧巌録』岩波文庫、中―頁一四一)

僧、趙州に問う、「万法《ばんぽう》は一《いつ》に帰《き》す、一《いつ》は何処《いずく》にか帰《き》す？」 州云く、「我れ青州《せいしゅう》に在りて一《いち》領《りょう》の布衫《ふさん》を作る、重さ七斤《しちきん》」。

すべての存在が帰着する根源の一者、その一者がさらに帰着するさきはドコか？ この問いに趙州禅師は、ただひとこと、「我れ青州《せいしゅう》に在りて、一領《いちりょう》の布衫《ふさん》を作る、重さ七斤《しちきん》」、そう答えたという話です。これは、いったい、何を言っているのでしょうか？ 『碧巌録』での扱いはひとまず置いて、まず、この問答の原意を考えてみましょう。

はじめに「青州《せいしゅう》」という地名ですが、『宋高僧伝《そうこうそうでん》』巻一一の趙州伝には「釈従諗《しゃくじゅうしん》、青州臨《りん》淄《し》の人なり」と見えます。現在の山東省《さんとうしょう》臨淄県に当たるそうですが、ここで重要なのは、それが地図の上でドコにあるかということではなく、それが趙州自身の「籍貫《せきかん》」（一族の原籍地）であったということです。

中国では今でも、ドコドコの土地の人ということは、その人について語る際の、姓名や家族関係とならぶ重大な要素です。そのことは、禅の問答においても変わりません。玄沙《げんしゃ》という禅師は長慶《ちょうけい》慧稜《えりょう》という若いおとうと弟子に「直下《じきげ》に是《こ》れ你《なんじ》」——ズバリ、お前はお前自身だ——という意を悟らせようと長い問答を行っていますが、そのなかで次のように言っています（『玄沙広録』上、禅文化研究所、頁二一六）。

「你《なんじ》は是れ稜《りょう》道者、作麼《なん》ぞ会《え》せざる？」
「只だ是れ稜道者なるのみ、外に覓《もと》むるを用いざれ！」
「你《なんじ》は是れ両浙の人、我れは是れ福州の人」
「鼓聲《こしょう》を聞くが若《ごと》きは、只だ是れ你《なんじ》のみ」

いずれも「直下に是れ你」の言い換えです。「お前は慧稜《えりょう》だ、なぜ、それがわからぬ」「まさに慧稜にほかならぬ、外に求めてはならぬ」、そういうのと同じ意味で「お前は両浙の出、わしは福州の産」と言われていることにご注目ください。

籍貫をあげて「ドコソコの人」と言明することには、つまり「直下に是れ你」——自己は自己以外の何者でもなく、自己以外の何者も自己たりえない——そんな意味がこめられているのでした。しかも、それは観念的な自意識などではなく、太鼓が鳴れば現にこうしてその音がアリアリと耳に聞こえている、そういう活き身の自己のことだというのです（前講のおわりに見た盤珪禅師の語が思い出されます）。

では、次の「布衫《ふさん》」はどうしょうか？「布」は麻ぬの、「衫」は短い袖の単衣の服で、あらたまったヨソイキや晴れ着でなく、つねに我が身とひとつの質素なふだん着のことです。「衫」ではありませんが、唐の『寒山詩《かんざんし》』に「襦《じゅ》」について歌った次のような一首が見えます。「襦」

は腰までの短い上着のことで、これも「布衫」同様、つねに我が身とともにある平素のふだん着です。

わたしはいま一枚の短い上衣をもっている
それはうす絹でもなく　またあや絹でもない
その色はいったいどんな色かと申せば
赤でもなく　また紫でもない
夏にはこれを長うわぎの代りにし
冬にはこれをかけぶとんの代りに使う
こうして冬も夏も交互に使って
年がら年じゅう　これこのとおり

（入矢義高『寒山』岩波書店・中国詩人選集五、頁一三四）

我今有一襦　我《わ》れ今一襦《いまいちじゅ》あり
非羅復非綺　羅《ら》に非《あら》ず復《ま》た綺《き》にも非《あら》ず
借問作何色　借問《しゃくもん》す何《なん》の色《いろ》をか作《な》す
不紅亦不紫　紅《くれない》にあらず亦《ま》た紫《むらさき》にもあらず

夏天将作衫　夏天《かてん》には將《も》って衫《さん》と作《な》し
冬天将作被　冬天《とうてん》には將《も》って被《ひ》となす
冬夏逓互用　冬夏《とうか》遞互《たがい》に用《もち》い
長年只者是　長年《ちょうねん》　只《た》だ者《こ》れのみ是《なり》

「襦」は、ここで、ありのままの自己――禅語でいう「自己本分事」――の比喩として歌われています。最後の「只者是――これこのとおり」も、現にある活き身の自己こそが真の自己だという意味で、唐代の禅者がよく用いたことばです。

ならば、なぜ、その重さが「七斤」なのでしょうか？　これについては、京都の禅文化研究所から出ている『景徳伝灯録』訓注本の次の注が示唆に富んでいます（『景徳伝灯録　四』禅文化研究所、一九九七年、頁八七注）。

七斤は約四キログラム、赤子の重さに重ね合わされている。……

こうして、「青州」「布衫」「七斤」の各語を唐代の禅僧たちの語義と語感に還しながらつきあわせてゆくと、ひとつの意味がうかびあがってきます。すなわち「青州」であつらえた重さ「七斤」の「布衫」、それは、郷里でオギャアと生れ落ちた、このあるがままの活き身の己れ、それにほかならぬ、ということです。

万法が帰着する根源の一者、それがさらに帰着するその先は、現にこうしてある活き身の自己——今、わしと対面してこの問いを発している血の通った汝その人——それを置いてほかにない。趙州禅師は修行僧に、そう気づかせようとしていたのでした。

4　鉄饅頭を咬み破る

公案参究とは

以上は唐代の禅のことでした。趙州もここで、ありのままの自己の、ありのままの是認、という馬祖禅の基本的立場に立っています。しかし、『碧巌録』はこの話を断じてそのようにはとりません。

そもそも唐代の問答は、一見、不可解でありながら、実はそこには悟るべき意味が含まれていました。それが、不可解と見えるのは、師が一方的に答えを教えるのでなく、質問者自身に自らその答えを発見させようと——さらにいえば、他人さまに問うまでもなく、それを問うている己れ自身が実はその答えにほかならないのだと自覚させようと——やりとりが仕組まれているためでした。

ところが宋代になると、問答は、初めからいかなる意味も論理も含まない、絶対的に不可解なコトバ――「公案」――として扱われるようになりました。あらゆる意味を脱落させ、あらゆる論理を切断した、頑としたコトバのカタマリ。そうであるがゆえに、修行者からすべての知的分別を奪い去り、その心を追いつめて捨て身の跳躍を迫るもの、そのようなものとして「公案」が用いられるようになったのです。

そうした歴史的な転換について、室町時代の高僧、夢窓国師《むそうこくし》こと夢窓疎石《むそうそせき》（一二七五―一三五二）が、次のように説いています。

むかしは、師のほうから、我が語を「公案」として参究せよなどと勧めることはなかった。……ところが今どきの人は、前世からの修行の蓄積も薄く、道を志す心も浅い。師の一言を聞くと、ある者は理屈で推量し、悟ったような気になって、そのまま止めてしまう。また、最も愚かで、理屈もはたらかせられぬような者は、挫折してしまう。そうした状況を憐れんで、圜悟《えんご》や大慧《だいえ》以降、「公案」参究の方便が設けられるようになったのだ。

【資料33】古へは知識の方《かた》より我が語を公案にして、提撕《ていぜい》せよとすすめたることもなし。……今時の人は、宿習も厚からず、道心も深からず。この故に、知識の一言を聞く時、或は識情を以て推度して、悟り得たる思ひをなして、さてやみぬ。或は最鈍にして、推量もめぐらぬ者は退屈す。これをあはれむ故に、圜悟《ゑんご》・大慧《だいゑ》よりこのかた、公案提撕の方便を設け給

へり。（『夢中問答』五五、川瀬一馬校注『夢中問答集』講談社学術文庫、頁一五七）

「古《いにし》へ」、つまり唐代の禅においては、師のほうから、自分のことばを「公案」として参究させるようなことはなかった。ところが「今時」、つまり宋代以後の人間は、前世からの修行の蓄積も薄ければ、道を志す心も浅い。師の一言を聞くと、ある者は理屈でアテ推量し、悟ったつもりになって能事おわれりとしてしまう。また、理屈で云々することもできぬような頭の鈍い者は、挫折してあきらめるほかない。そうした状況を憐れんで、圜悟・大慧以降、「公案」参究の「方便」が設けられるようになったのだ、という説明です。

実際には公案の使用は圜悟・大慧から始まったわけではなく、それ以前からひろく行われていたのですが、いわば宋代公案禅の大成者・代表者として、ここに名を挙げられているのでしょう。厳密な歴史学的記述ではありませんが、唐代禅と宋代禅の対比を巨視的にとらえた卓見だと思います。

では、「公案」とは如何なるものか？　これについて夢窓国師は、次のような喩えで説明しています。

禅師が与える「公案」は、浄土往生のためのものでもなければ、成仏得道の要求に応ずるものでもない。また、世間のすばらしき事でも、仏門の理論でもない。すべて心意識による思考の及ばぬところ、それゆえ、これを「公案」というのである。それは「鉄饅頭《てつまんじゅう》」に喩えられる。ただひたすら、心意識の舌をつけ得ぬところで、噛んで噛んで噛みつづけたら、必ず噛み破る時がくる。その時はじめて、この「鉄饅頭」が世間の味覚とも出世間の意味とも異なったものであることが知られるにちがいない。

【資料34】その故は、宗師の人にこの公案を与ふること、往生浄土のためにもあらず、成《じやう》仏得道《ぶつとくだう》の求めにもあらず。世間の奇特にも非ず。法門の義理にも非ず。惣《すべ》て情識《じやうしき》のはからざる処なり。故に公案と名づく。これを鉄饅頭《てつまんぢゆう》に譬《たと》へたり。ただ情識の舌をつくるあたはざる処に向かつて、咬《か》み来《きた》り嚼《か》み去らば、必ず咬み破る時分あるべし。その時始めて、この鉄饅頭は、世間の五味《ごみ》・六味《ろくみ》にも非ず、出世の法味《ほふみ》・義味《ぎみ》にも非ざることを知るべし。(『夢中問答』三二、頁一〇七)

禅の「公案」は、浄土往生や成仏得道の手段でもなく、世間のすばらしき事でも、仏門のりっぱな理論でもない。「惣《すべ》て情識《じやうしき》のはからざる処」、すなわち、いかなる思考も感情も及ばぬところ、そうであるがゆえにこれを「公案」というのだと、夢窓はいいます。

それが「鉄の饅頭」に喩えられるのは、歯が立たず、味も無い――いかなる分析をさしいれることも、いかなる意味を引き出すこともできない――という比喩でしょう。それをただひたすら、分別意識の舌のとどかぬところで、無理やり噛んで噛んで噛みつづけたら、それが突如、バリッ！と噛み砕かれる時がくる。かくして大悟の時に到ったら、そこではじめて、この「鉄饅頭」があらゆる意味づけから断絶したものだと分かるだろう、というのです。

この「鉄饅頭」の喩えは宋代の禅者が用いた「鉄酸餡《てつさんあん》」（「酸餡」は、肉の代わりに野菜の酢づけが入った精進の中華マン）の譬喩の翻案ですが、公案を使った禅の方法をたいへんうまく説明してくれていると思います（小川「鉄酸餡――問答から公案へ　公案から看話へ」参照。『臨済宗妙心寺派教学研究紀要』第八号、二〇一〇年）。

結論からいうと、圜悟は、趙州の「七斤布衫」云々の語を夢窓のいう「鉄饅頭」のようなものとして扱おうとします。趙州の問答を評唱するなかで、圜悟は次のように説いています。

「一撃して便ち行く」――一発で理屈ぬきに即座に悟る――そういうふうにこの公案を悟ってしまうなら、天下の老和尚たちさえ汝に降参するだろう。さすれば、水の低きに流るるが如く、自ずと然るべきミチスジがつく。逆にもしわずかでも頭で考えてモタつけば、汝は自身の足場を失わざるを得ないであろう。仏法の核心は、言葉の多さ、語句の詳しさとは、関係ない。

たとえば僧が「万法は一に帰す、一は何処にか帰す」と問い、にもかかわらず（却）趙州は「我れ青州に在りて一領の布衫を作る、重さ七斤」と答えた。これなどは、もし語句のうえで理解すれば、勘所は見失われる。さりとて、語句を離れるとすれば、僧の問いにもかかわらず（却）現に趙州がこう答えていることは、どうなるか。この言葉の存在じたいは、いかにしても否定しえぬものではないか。

この公案は見がたいが会《え》しやすく、会しやすいが見がたい。見がたいと言えば、銀や鉄でできた絶壁のごとく何者もよせつけず、会し易いといえば、よしあしを云々する余地も無く、ただちにずばりと明白である。したがってこの公案は、かの普化《ふけ》の公案と同じなのである。

【資料35】若向一撃便行処会去、天下老和尚鼻孔一時穿却、不奈你何、自然水到渠成。苟或躊躇、老僧在你脚跟下。仏法省要処、言不在多、語不在繁。只如這僧問趙州「万法帰一、一帰何処」、他却答道「我在青州作一領布衫、重七斤」、若向語句上辨、錯認定盤星。不向語句上辨、争奈却恁麼道。這箇公案、雖難見却易会、雖易会却難見。難則銀山鉄壁、易則直下惺惺、無你計較是非処。此話与普化道「来日大悲院裏有斎」話、更無両般。（『碧巌録』岩波文庫、中―頁一四二）

若《も》し「一撃便行《いちげきべんこう》」の処に向《お》いて会《え》し去らば、天下の老和尚も鼻孔《びくう》一時に穿却《せんきゃく》され、你《なんじ》を奈何《いかん》ともしえず、自然《おのず》と水《みず》到りて渠《みぞ》成らん。苟《も》或し躊躇《ちゅうちょ》せば、老僧《わし》は你が脚跟《きゃっこん》下に在り。

> 仏法が省要《せいよう》の処は、言、多きに在《かか》わらず、語、繁きに在《かか》わらず。這《こ》の僧の趙州に「万法帰一、一は何処に帰す」と問い、他《かれ》（趙州）の却て「我れ青州に在て一領の布衫を作る、重さ七斤」と答道《こた》えしが只如《ごと》きは、若《も》し語句上に向いて辨ぜば、定盤星《じょうばんせい》を錯認《さくにん》せん。語句上に向いて辨ぜずんば、却て恁麼《かくのごと》く道《い》えるを争奈《いかん》せん。這箇《こ》の公案、見《み》難しと雖《いえど》も却て会《え》し易く、会し易しと雖も却て見難し。難きことは則ち銀山鉄壁《ぎんざんてっぺき》、易きことは則ち直下《じきげ》に惺惺《せいせい》、你《なんじ》の是非を計較《はから》う処《ところ》無し。此の話、普化《ふけ》の「来日、大悲院《だいひいん》裏に斎《さい》有り」と道える話と、更《まった》く両般《りょうはん》無し。

ここで強調されているのは、悟りが言語に関わらぬということ、それゆえ、一撃でただちに悟らねばならぬ、ということです。圜悟が二度にわたって趙州の答えを「にもかかわらず（却って）」言う、としているのもそのためです。

僧の質問にもかかわらずこう答えた——この表現は、圜悟が趙州のことばを、問いとのあいだに何のつながりも関わりもない、論理の切断された一句と看なしていることを示しています。そして、この一句をコトバに即して理解してもいけないし、さりとてこのコトバを捨ててもいけない、このコトバそのものを、理屈ヌキで一気に悟れ——いわば、歯が立たぬ「鉄饅頭」を無理やり一撃で咬み破れ——そう迫っているのです。

「仏法商量」と「仏法旨趣」

この少しあと、評唱は、同じ趙州の「庭前《ていぜん》の柏樹子《はくじゅし》」の問答を引いて右の趣旨をさらに補強していきます。

ある日、僧が問うた、「祖師西来意とは如何なるものにございましょう?」
趙州、「庭さきの柏樹」
僧、「和尚、モノで示すのはおやめください」
趙州、「わしはモノでなど示したことはない」

【資料36】一日僧問趙州、「如何是祖師西来意?」州云、「庭前柏樹子」。僧云、「和尚莫将境示人」。州云、「老僧不曾将境示人」。(頁一四三)

一日、僧、趙州に問う、「如何なるか是れ祖師西来意?」州云く、「庭前の柏樹子」。僧云く、「和尚、境を将《も》って人に示す莫れ」。州云く、「老僧、曽て境を将って人に示さず」。

これについても、いったん『碧巌録』から離れ、まず唐代禅における問答の原意から考えてみましょう。

前講でもみたとおり、「祖師西来意」は、「祖師」達摩が西のかた天竺からはるばる中国にやって来た意味は何か、ということです。達摩がインドから中国に「以心伝心」の法を伝えて禅宗ができたと信じられていましたので、その意味ないし意図を問うということは、つまり禅の第一義を問うということにほかなりません。そのため、この問いは「如何なるか是れ仏」とならんで、禅の問答で最も多く見られる問いとなっています。

その問いに対して趙州は、ただひとこと「庭さきの柏樹」と答えました。「柏」は日本語の「かしわ」ではなく、常緑の喬木で「ヒノキ、コノテガシワ」の類。「～子」は「椅子」や「払子」の「子」と同じく、名詞の接尾辞で、実義はありません。

「〝祖師西来意〟とは何か？」
「庭さきの柏樹」

これも一見、問われたことに答えていない、チグハグでトンチンカンなやりとりと見えるでしょう。しかし、これも、本来はそうではありませんでした。「自らの心が仏である、この心こそがまさに仏にほかならぬ」、その一事を悟らせるために祖師達摩は南天竺からやって来たのだ、馬祖ははじめからそう明言していました（前講【資料14】参照）。「祖師西来意」を問われた趙州が質問者に示そうとしたのも、むろん、その一事でした。

でも、それなら、なんで、「庭さきの柏樹」などと関係ないことを答えるのでしょう？　いえ、いいえ、関係なくはありません。『趙州録』巻上にもうひとつ、こんな問答が記されています。

問う、「如何《いか》なるか是れ学人の自己？」
師云く、「還《は》た庭前の柏樹子を見る麼《や》？」

「学人《がくにん》」というのは道を学ぶ人、つまり修行者ということですが、修行僧のへりくだった一人称にも使われます。「それがしの〝自己〟とは何か？」「庭さきの柏樹が見えるか？」ここからは「学人の自己」＝現に柏樹子を「見ている」汝その人、という関係が、ごく自然に看て取れます。さきの引用のなかで、「直下に是れ汝」の意を示そうとした玄沙が「鼓声を聞くが若《ごと》きは、只だ是れ你《なんじ》のみ」、そう言っていたのを、あわせて思い出してみてください。

「如何なるか是れ祖師西来意？」　州云く、「庭前の柏樹子」。この問答も同じ趣旨に解せます。趙州は「庭さきの柏樹」が「西来意」だと言っているのではありません。「ほれ、庭さきの柏樹」、それが見えるか？　今、現にそれを見ている活き身の汝、祖師はまさにそれを直指しに来られたのだ——趙州はそう示唆しているのでした。

しかし、質問者はその意に気づきません。「和尚、ひとがせっかく〝西来意〟をおききしておりますのに、モノのことなどお答えにならんでください」。趙州が「柏樹」のことを言っているのだと、まだ思っているのです。そこで趙州はおだやかに言いました、「うむ、わしもモノのことなど言うておらぬ」。そう、わしのほうもはじめから、モノのことではなく、それを見る汝自身のことを言うておるのだが……。

以上が「柏樹子」の話の原意でした。しかし、この話も、圜悟は断じてそうはとりません。評唱のなかで右の問答を掲げたうえで、圜悟は次のように説いています。

さあ、よく看よ、趙州がこのように、転換不可能の究極の一点でみごとに転換をなしとげ、おのずからに天をも地をも覆いさっているこのさまを。もし、ここで転換し得なかったら、いたるところ障碍を生じてしまうであろう。では言うてみよ、趙州に「仏法商量《しょうりょう》」があるか否か。有ると言おうとすれば、彼は「心《しん》・性《しょう》」「玄《げん》・妙《みょう》」を云々してはいない。しかし、逆に、趙州には「仏法旨趣《ししゅ》」が無いと言おうとすれば、彼は現に僧の問いを無にせず、ちゃんとそれに応じ得ているではないか。

【資料37】看他恁麼向極則転不得処転得、自然蓋天蓋地。若転不得、触途成滞。且道他有仏法商量也無? 若道他有仏法、他又何曾説心説性、説玄説妙。若道他無仏法旨趣、他又不曾辜負你問頭。(頁一四三)

看よ他《かれ》（＝趙州）の恁麼《かくのごと》く極則《ごくそく》転じ得ざる処に向《おい》て転じ得、自然《じねん》に蓋天蓋地なるを。若《も》し転じえざれば、触途《いたるところ》に滞《とどこおり》を成さん。且らく道《い》え、他に「仏法商量」有り也《や》無？　若し他に仏法有りと道わば、他又た何ぞ曽て心を説き性を説き、玄を説き妙を説ける。若し他に「仏法旨趣」無しと道わば、他又た曽て你《なんじ》が問頭《とい》に辜負《そむ》かざるなり。

ここに見える「仏法商量」は、分節的・論理的に仏法を説くこと。「仏法旨趣」はそうしたものによらず、仏法の本質そのもの、核心そのものを、まるごと端的に直指することです。ここで圜悟は「庭前の柏樹子」を、趙州が「仏法商量」に陥ることなく「仏法旨趣」を直指し得た一句だと評しているわけですが、それはさきに「七斤布衫」云々の句について、こう言っていたことと照応します――「もし語句のうえで理解すれば、勘所は見失われる。さりとて、語句を離れるとすれば、僧の問いにもかかわらず（却）現に趙州がこう答えていることは、どうなるか」（【資料35】）。「語句のうえで理解」するのは「仏法商量」、いっぽう厳然と存在する趙州のことばそのものは「仏法旨趣」の直接的提示だというわけです。

圜悟は「七斤布衫」云々の語も、この「柏樹子」の語と同じく、「語句」を口にしながら「語句」のすじみちを断ち切ったもの、「語句」を用いながら「仏法商量」に落ちることなく「仏法旨趣」そのものを直指しえたもの、そうしたものとして看よと言っているのです。

「七斤布衫」について圜悟は、「見がたいと言えば、銀や鉄でできた絶壁のごとく何者もよせつけず、会し易いといえば、よしあしを云々する余地も無く、ただちにずばりと明白である」、そう言っていました（【資料35】）。これも、やはり同じ意味です。「仏法商量」によって合理的に理解しようとするかぎり、そこにはわずかも取り付くシマがない。だがこれを「仏法旨趣」として理屈抜きに「一撃」で丸呑みにすれば、それは「直下《じきげ》に」明白なのである、と。

5　活句と死句

「無事」を打破する「活句」

「仏法商量」と「仏法旨趣」という用語はここだけですが、同じ考え方は『碧巌録』の随処に説かれています。その際、頻繁に用いられるのは「死句《しく》」と「活句《かっく》」という用語です。圜悟は公案の評唱にあたって、「言句《ごんく》の上に在らず」という句と、「活句」に参じて「死句」には参じない、という句を、よくきめの一句として使っています。たとえば、第二〇則の本則評唱にこう見えます。

> 僧が祖師西来意を問うたのに、（大梅は）「西来に意など無い」と答えた。もし、そのとおりに解するならば、「無事」の領域に落ちこむこととなろう。だから、こういう言葉があ

る。「活句にこそ参ぜねばならぬ。死句に参じてはならぬ。活句において悟るならば、未来永劫忘れまい。死句において悟るなら、自分自身をも救い得まい」と。

【資料38】只如這僧問祖師西来意、却向他道、「西来無意」。你若恁麼会、堕在無事界裏。所以道、「須参活句、莫参死句。活句下薦得、永劫不忘。死句下薦得、自救不了」。(『碧巌録』岩波文庫、上―頁二七二)

只如《たと》えば這《こ》の僧、祖師西来意を問えるに、却って他《かれ》に向かいて道く、「西来に意無し」と。你《なんじ》若し恁《かくのごと》麼く会《え》さば、無事界裏に堕《おち》在ん。所以《ゆえ》に道《いわ》く、「須らく活句に参ずべし、死句に参ずる莫れ。活句の下に薦《さと》得らば、永劫忘れず。死句の下に薦《さと》得らば、自らをも救い不了《おおせず》」と。

「祖師西来意」を問われた大梅法常《だいばいほうじょう》が「西来無意」、西来に意など無い、と答えた問答を評した一節です。これを文字どおりにとって、西来意など存在しないと解するなら、たちまち「無事」の世界に陥ってしまうだろう。そういうふうに「死句」に参ずるのではなく、「活句」にこそ参じなければならない、圜悟はここでそう説いています。

「活句にこそ参ぜねばならぬ。死句に参じてはならぬ」、この成句は、後世、一般には、雲門《うんもん》の法嗣の徳山縁密《とくさんえんみつ》の語と伝えられています（大慧『正法眼蔵』巻四）。また「活句」「死句」の語義について、同じく雲門の法嗣である洞山守初《とうざんしゅしょ》が次のように説いています。

語中に語《ご》有るを、名づけて死句と為す。語中に語《ご》無きを、名づけて活句と為す。（大慧『正法眼蔵』巻四）

意味と論理を含んだ理解可能な語が「死句」、意味が脱落し論理が切断された理解不可能な——「鉄饅頭」のような——語が「活句」というわけです。圜悟が「仏法商量」「仏法旨趣」と対比して言っていたのも、まさにこの「死句」「活句」のことなのでした。

右の圜悟の説示で注目すべきは、唐代とはうってかわって「無事」が悪いものに変わっていることです。そして、それとともに、「祖師西来意」が「無事」の対極に位置づけられ、「無事」を打ち破るのが「活句」だとされています。つまり、唐代には「西来意＝即心是仏＝無事」という一本の等式であったのが、ここでは「西来意」と「無事」が反義語とされ、「西来意＝活句」対「無事＝死句」という二項対立に変換されているのです。

唐代ふう馬祖禅ふうの「無事」が批判の対象に変じていたことは、「野鴨子」の則ですでに見ました。ここでは「無事」批判にとどまらず、さらにそれを打破するものとして「西来意＝活句」が提起されているのです。

6 「山は是れ山、水は是れ水」——宋代禅の円環の論理

「七斤布衫」の評唱にもどります。この則の評唱は次の一段をもって結ばれています。ここにも「無事」という語の褒義《ほめことば》から貶義《けなしことば》への反転、それにともなう「西来意」の意味の転換が現われています。文中に出てくる「上載《じょうさい》」「下載《あさい》」はもと趙州の語で、「上載」は修行者に「仏法」という荷物を背負わせてやること、「下載」は修行者が背負っている「仏法」というお荷物を下ろしてやる、ということです。

「大徹大悟」の重視

ところが、今どきの輩《やから》ときたら、そろいもそろって「無事」禅ふうの理解をなし、たとえば、こんなふうに言うしまつだ——もともと「迷」も「悟」もありはしない、そのうえに何も求める必要は無い。仏がこの世に現れる前、達磨が東土にやってくる前、すべてはただ「恁麼《いんも》——ありのまま」であるよりほかに無かったのだ。そこへさらに仏の出現や祖師の西来を持ち出して、それがいったい何になる、と。

だが、なにもかもこの調子では、見当違いも甚だしい。そうではなく、大悟徹底してみたら、依然として、山は山、水は水、さらには一切万法すべてがありありと現成していた、

と、こうでなければならんのだ。そうであって始めて一箇の「無事の人」たりうる。龍牙《りゅうげ》居遁《こどん》禅師も言うておるではないか——

求道にはまず悟りがなければならぬ
それは競漕ののちの龍舟のごときもの
その前も空き地に放置されてはいたのだが
いまは勝利ののち始めてこうして休らうているのである

（『景徳伝灯録』巻二九・龍牙和尚頌）

趙州の「七斤布衫」という話頭、黄金のごとく宝玉のごとき古人のこの言をしかと看よ。それにひきかえ、わしがかように説き、諸君がかように聴くことは、所詮みな「上載」でしかない。それでは、さあ、言うてみよ、真の「下載」とは如何なるものか。——それは僧堂のそれぞれの単で、自ら究めるべきものである。

【資料39】如今人尽作無事会。有底道、無迷無悟、不要更求。只如仏未出世時、達磨未来此土時、不可不恁麼也。用仏出世作什麼？祖師更西来作什麼？総如此、有什麼干渉。也須是大徹大悟了、依旧山是山、水是水、乃至一切万法、悉皆成現、方始作箇無事底人。不見龍牙道、「学道先須有悟由、還如曾鬪快龍舟。雖然旧閣閑田地、一度贏来方始休」。只如趙州這箇七斤布衫話子、看他古人恁麼道、如金如玉。山僧恁麼説、諸人恁麼聴、総是上載。且道、

作麼生是下載？　三条椽下看取。（『碧巌録』岩波文庫、中―頁一四六）

如今《いまどき》の人、尽《ことごと》く「無事」の会《え》を作《な》す。有《あ》る底《もの》は道《いわ》く、「迷無く悟なし、更に求むるを要せず。仏の未だ出世せざりし時、達磨の未だ此の土に来らざる時の只如《ごと》きは、恁麼《ありのまま》ならざる可からず。仏の出世を用いて什麼《なに》をか作《な》さん。祖師更に西来して什麼《なに》をか作《な》さん」と。総て此くの如きんば、什麼《なん》の干渉《かかわり》か有らん！　也《ま》た須是《すべか》らく大徹大悟し了《おわ》りて、依旧《あいかわ》らず山は是れ山、水は是れ水、乃至《ひいて》は一切万法、悉皆《ことごと》く成現すべくして、方始《はじ》めて箇の無事の人と作らん。見ずや龍牙の道《い》えるを、「学道は先ず須らく悟由有るべく、還って曽て快《はや》き龍舟を闘《たたか》わせるが如し。旧《もと》は閑田地《あきち》に閣《お》きしと雖然《いえど》も、一度贏《か》ち来りて方始《はじ》めて休す」。趙州の這箇《こ》の「七斤布衫」の話子《はなし》の只如《ごと》きは、看よ他《か》の古人の恁麼《かくのごと》く道《い》えることの金の如く玉の如くなるを。山僧《わし》の恁麼《かくのごと》く説き、諸人の恁麼《かくのごと》く聴けるは、総て是れ「上載」なり。且らく道え、作麼生《いかなる》か是れ「下載」。三条椽下に看取せよ。

本来すべて「恁麼《ありのまま》」である、だから「仏道」も「西来意」も必要ない——そういう「無事」の見解がここでも批判され、「大徹大悟」の必要性が強調されています。そして、ここでも仏の出世や祖師の西来が「無事」を否定しのりこえるものと位置づけられています。つまり「即心是仏＝無事」というありのままの事実の直指ではなく、「無事」を打破して「大徹大悟」に到らしめること、それこそが「祖師西来」の真意だったというわけです。

これをさきほどの考察と結びつけて一本化するならば、「活句」によってありのままの「無事」を打破し「大徹大悟」に到る——そのような禅が潜在的に志向されていることが解ります。

ただし、圜悟の論は単純に「無事」を斥けて終わりではありません。必ずや「大徹大悟」せねばならぬ。「大徹大悟」してみたら、「依前」、あいかわらず、山は山、水は水、すべてはありのままに現成していたのだった、と、こうでなくちゃあならん。こうであって始めて「無事」の人と称しうるのだ——圜悟はそう言っています。

右の引用部分の直前で、圜悟はその趣旨を「悟《さと》り了《おわ》らば還《かえ》って未《いま》だ悟《さと》らざる時《とき》に同じ」という句で要約しています（もとは『景徳伝灯録』巻一・提多迦章や、巻二九・龍牙和尚頌の句）。その重点は「悟り了らば還《かえ》って……」という点にあります。圜悟も、最後の最後には、やはり本来無事ということを肯定します。しかし、それはあくまでも「大徹大悟」した上で、あらためて立ち返ってくるところなのでした。

圜悟の円環の論理とは

この種の論も『碧巌録』のなかにたびたび見え、『碧巌録』の重要な論点の一つになっています。たとえば第九則「趙州東西南北《じょうしゅうとうざいなんぼく》」の本則評唱にも、次のような一節が見出されます。

ある種の連中がこんなことを言うておる、「本来まったく無事なのだ。茶があれば茶を飲み、飯があれば飯を食らうのみ」と。これは甚だしき迷妄の語！　こういうのを「得ぬものを得たといい、悟らぬくせに悟ったという」（『法華経』方便品）というのである。この手合いは、自分が悟っておらぬだけなのに、人が「心性」や「玄妙」を説くのを見ると、「世迷言でしかない。実は本来無事なのだ」などと言う。これこそ「一盲、衆盲を引く」という類だ。こういう連中にはてんで判っておらぬのだ、祖師達磨の西来以前、いったいどこに、天を地とよび山を水とよぶようなことが有ったのか、祖師がいったい何のために西来したのかが！

だのに諸方の上堂やら入室やらで説いていることときたら、何だ！　みな凡情と分別とばかりではないか。そういう凡情や分別をすべて捨て去ったら、そこで始めて看抜くことができるのだ。そして看抜いてみれば、やはり依然として、天は天、地は地、山は山、水は水だ、ということになるのである。

【資料40】有般底人道、「本来無一星事、但只遇茶喫茶、遇飯喫飯」。此是大妄語！　謂之「未得謂得、未証謂証」。元来不曾参得透、見人説心説性、説玄説妙、便道、「只是狂言、本来無事」。可謂一盲引衆盲。殊不知祖師未来時、那裏喚天作地、喚山作水来？　為什麽祖師更西来？　諸方陞堂入室、説箇什麽？　尽是情識計較。若是情識計較情尽、方見得透。若見

> 得透、依旧天是天、地是地、山是山、水是水。（『碧巌録』岩波文庫、上—頁一四六）
>
> 有般底《あるてあい》の人道《いわ》く、「本来一星《ひとつぶ》の事も無し。但只《た》だ茶に遇うては茶を喫し、飯に遇うては飯を喫するのみ」と。此れは是れ大妄語！　之を「未だ得ざるに得たりと謂い、未だ証せざるに証せりと謂う」〔『法華経』方便品〕と謂う。元来《もとよ》り曽て参得透《さとりぬけ》ざるに、人の心を説き性を説き、玄を説き妙を説くを見ては、便ち道く、「只だ是れ狂言なるのみ、本来無事なり」と。可謂《いいつべ》し、一盲、衆盲を引くと。殊《こと》に知らず、祖師の未だ来らざる時、那裏《いずく》にか天を喚びて地と作し、山を喚びて水と作し来れる？　什麼《なん》の為《ため》にか祖師更に西来せる？　諸方、陞堂入室《しんどうにっしつ》して、箇の什麼《なに》をか説く？　尽《ことごと》く是れ情識計較《けきょう》なり。若是《もし》情識計較の情尽《つ》きなば、方《はじ》めて見得透《みとおしえ》ん。若し見得透《みとおしえ》なば、依旧《あいもかわ》らず天は是れ天、地は是れ地、山は是れ山、水は是れ水ならん。

ここでも同じく「本来無事、茶におうては茶を飲み、飯におうては飯を食うのみ」という無事禅の見解が批判され、それに対置して、天が地となり、山が水となるという「西来意」の世界の実在が強調されています。これがさきの一段の「大徹大悟」に対応するわけですが、圜悟の論はそこで終らず、さらにその上であらためて得られる「天は是れ天、地は是れ地、山は是れ山、水は是れ水」というありのままの世界が開示されて一段が結ばれています。こうした圜

悟の論は、

未悟（0度）→悟了（180度）→還同未悟時（360度）

無事（0度）→大徹大悟（180度）→無事（360度）

山是山、水是水（0度）→喚天作地、喚山作水（180度）→依旧山是山、水是水（360度）

という円環の論理として整理することができるでしょう。圜悟の説はどこも断片的で難解ですが、ほぼ同時代の青原《せいげん》惟信《いしん》（生没不詳、嗣晦堂祖心）の次の語が、この円環の論理の全体図をひじょうに見やすい形で提示しています。

上堂していう、三十年前、未だ禅に参じていない時、自分にとって山は山と見え、水は水と見えた。その後、善知識に出逢って悟入の契機を得た段階では、山は山でなく、水は水でない、と見えるようになった。それが休歇《やすらぎ》の処を得た今となってみると、依然として、山はただ山に見え、水はただ水に見える。さあ、諸君、この三種の見解は、同じか別か？そこを見きわめられたなら、真にわしと相見したと認めてやろう

【資料41】上堂曰、老僧三十年前未参禅時、見山是山、見水是水。及至後来親見知識、有箇入処、見山不是山、見水不是水。而今得箇休歇処、依前見山只是山、見水只是水。大衆、這三般見解、是同是別？　有人緇素得出、許汝親見老僧。（『嘉泰普灯録』巻六・青原惟信章）

上堂して曰く、老僧《われ》三十年前、未だ参禅せざりし時、山を見ては是れ山、水を見ては是れ水。後来《のち》親しく知識に見《まみ》え箇の入処《にっしょ》有るに及至《およ》びては、山を見ては山に不是《あら》ず、水を見ては水に不是《あら》ざりき。而今《いま》、箇の休歇《きゅうけつ》の処を得ては、依前《あいもかわ》らず山を見ては只だ是れ山、水を見ては只だ是れ水なるのみ。大衆よ、這《こ》の三般《みとおり》の見解《けんげ》、是《は》た同じか是《は》た別か？　人の緇素得出《しろくろつけうる》もの有らば、汝《なんじ》親しく老僧《われ》に見《あ》えりと許《みと》めん。

ありのまま（０度）⇓ありのままの完全否定（１８０度）⇓本来のありのままへの回帰（３６０度）――このような円環の論理は、ありのままの自己に対する肯定と否定の矛盾という唐代禅以来の長年の課題に、ひとつの解答を与えるものだったと言えるでしょう。

7　大慧の「看話禅」へ

「活句」によってありのままの「無事」を打破し「大徹大悟」に到る――『碧巌録』のなかで断片的に説かれ、潜在的に志向されていたこのような禅が、実践的な方法として明示的に一本化されれば、大慧の「看話禅」に結実することは容易に想像できます。大慧はある士大夫に示した教えで、次のように説いています。

「箇の話頭を看よ」

もし、直截に会得したければ、必ずやこの一念がバカッ！と大破せねばならない。それでこそ生死が決着し、それでこそ悟入といえるのである。しかし、だからといって、意識してその大破の時を待ちかまえてはいけない。大破のところに意識を置いてしまうと、永遠に大破の時は起こり得ない。ともかく、妄想顛倒《もうそうてんどう》の心・思量分別《しりょうふんべつ》の心・生を好み死を悪《にく》む心・知見解会《ちけんげえ》の心・静寂を願い喧騒を厭う心、それらを一気に押さえ込むのだ。そして、その押さえつけたところで、一箇の話頭を看よ――「僧、趙州ニ問フ、狗子ニ還タ仏性有リヤ。州云ク、〝無〟！」と。この「無」の一字こそは、あれこれの悪しき知識・分別を打ち砕く強力な武器に外ならない。

この一字に対して、有る無しの理解を加えてはならない。合理的解釈を施してもいけない。分別意識のもとで思考し推量してもいけない。「揚眉瞬目」の作用を是認してもいけない。字義・文脈のうえで考えていってもいけない。「無事」の甲羅のなかに放りこんでもいけない。問うている己れがそのまま答えなのだ、と肯ってもいけない。古典のうちに論拠を求めてもいけない。ともかく、二六時中、行住坐《ぎょうじゅうざ》臥《が》、すべての営為のなかで、時々刻々、つねにこの話頭を念頭に置き、つねにそこで心を覚醒させるのだ。「狗子ニ還タ仏性有リヤ。州云ク、〝無〟！」と。そうして日常の営みを離れぬようにせよ。試しにこのように修行してみるならば、十日かひと月で、じきに見て取ることができるであろう。

【資料42】若要径截理会、須得這一念子曝地一破、方了得生死、方名悟入。然切不可存心待破。若存心在破処、則永劫無有破時。但将妄想顛倒底心、思量分別底心、好生悪死底心、知見解会底心、欣静厭閙底心、一時按下。只就按下処看箇話頭、「僧問趙州、狗子還有仏性也無？ 州云、無！」此一字子、乃是摧許多悪知悪覚底器仗也。不得作有無会、不得作道理会、不得向意根下思量卜度、不得向揚眉瞬目処挅根、不得向語路上作活計、不得颺在無事甲裏、不得向挙起処承当、不得向文字中引証。但向十二時中四威儀内、時時提撕、時時挙覚、「狗子還有仏性也無？ 云、無」、不離日用。試如此做工夫看。月十日便自見得也。（『大慧普覚禅師語録』巻二六「答富枢密」）

若《も》し徑截《けいせつ》に理会《りえ》せんと要さば、須得《すべか》らく這《こ》の一念子《いちねんす》の曝地《バクち》に一破すべくして、方《はじ》めて生死を了得し、方《はじ》めて悟入と名づく。然《しか》れど切に心を存して破を待つ可《べ》からず。若《も》し心を破の処に存さば、則ち永劫に破する時有ること無し。但だ妄想顛倒《もうそうてんどう》の心、思量分別《しりょうふんべつ》の心、好生悪死《こうしょうおし》の心、知見解会《ちけんげえ》の心、欣静厭鬧《ごんじょうおんどう》の心を将って、一時に按《お》さえ下《つ》けよ。只だその按《お》さえ下《つ》けし処に就きて箇の話頭を看よ。「僧、趙州に問う、狗子還《は》た仏性有り也無《や》。州云く〝無〟！」此の一字子、乃ち是れ許多《あまた》の悪知悪覚を摧《くじ》く底の器仗なり。有無《うむ》の会《え》を作《な》すを得ざれ。道理の会を作すを得ざれ。意根《いこん》下に向《おい》て思量し卜度《あてずいりょう》するを得ざれ。揚眉瞬目《ようびしゅんもく》の処に向《おい》て根を採《おろ》すを得ざれ。語路《ごろ》上に向《おい》て活計《かっけい》を作すを得ざれ。無事甲裏《ぶじこうり》に颺在《ひょうざい》するを得ざれ。挙起《こき》の処に向《おい》て承当《うけが》うを得ざれ。文字《もんじ》中に向《おい》て引証するを得ざれ。但だ十二時中・四威儀の内に向《おい》て、時時に提撕《ていぜい》し、時時に挙覚《こかく》せよ、「狗子還《は》た仏性有り也無《や》。州云く〝無〟！」と。日用《にちゆう》を離れざれ。試みに此の如くに工夫《くふう》を做し看よ。月十日にして便ち自ら見得せん。

ここにおいて趙州の「無」の一語が「ない」という意味でないことは、言うまでもありません。圜悟は一撃で悟れと説くのみで、どうやって一撃で悟るのかは説いていませんでした。それがここでは、「箇《ひとつ》の話頭を看よ」という具体的な方法として説かれています。いわく、「ともかく、二六時中、行住坐臥、すべての営為のなかで、時々刻々、つねにこの話頭を念頭に置き、つねにそこで心を覚醒させるのだ。〝狗子ニ還タ仏性有リヤ。州云ク、無！〟と」。

種々の否定的な言い方がこれでもかこれでもかと重ねられていますが、要するに、ありとあらゆる営みのなか、概念的・論理的な思路に陥らず、「活句」としての「無」そのものに、常に全身全霊を集中しつづけよというのです。

これが、公案の「活句」化と「大悟」の要求という二つの論点を結びつけたものであることは明らかでしょう。してはならない参じ方が次々に数え上げられていますが、「合理的解釈を施してもいけない」「分別意識のもとで思考し推量してもいけない」「字義・文脈のうえで考えていってもいけない」などというのは「死句」的理解のこと。また「〝揚眉瞬目〟の作用を是認してもいけない」というのは「作用即性」的理解への批判、「〝無事〟の甲羅のなかに放りこんでもいけない」というのは「平常無事」的理解への批判でしょう。こういうところにも圜悟の説との連続が看て取れます。

「看話」の完成

柳田聖山《やなぎだせいざん》先生の「看話《かんな》と黙照《もくしょう》」（『花園大学』研究紀要六、一九七五年）は、大慧の「看話禅」の形成が曹洞系の「黙照禅」、とくに真歇清了《しんけつせいりょう》への批判を重大な契機としていたことを解明しています。ひじょうに重要な指摘ですが、大慧において黙照批判がそうした契機となりえたことは、やがて「看話」に結晶すべき要素が圜悟の段階ですでにひととおり出そろっていたこととも切り離せないでしょう。
これ以後、「看話禅」は禅の主流となってひろく定着しました。たとえば元の中峰明本《ちゅうほうみんぽん》禅師が語る、師の高峰原妙《こうほうげんみょう》禅師の指導法は次のようなものでした。中峰明本は、日本の中世の禅宗にも大きな影響のあった人で、夢窓国師もこの人に深い尊敬の念を抱いていました。とりあげられているのは、かの「七斤布衫」の公案ですが、これがさきほど看た大慧の「無字」による接化とまったく同じものであることは、一見して明らかでしょう。「活句」になってしまった以上、公案はどれをどう入れ替えようと、もはや、すべて同じことなのです。

思い返すに、わが亡き師、高峯原妙禅師は、三十年の間、ふかくこの山の奥に住まい、その間、常に「万法帰一、一帰何処」という一個の話頭（公案）によって修行者を指導しておられた。黙してこれを提起し、ひそかにこれを参究し、ただ、途切れることなく、外境に流されず、好悪や苦楽の情におおわれぬようにさせるのだ。そして、ひたすら参究する話頭《わとう》（公案）を心のうちに凝縮し、歩くときも坐るときも、ともかくそのまま参究しつづけ、力も及ばず思いも留めえぬという究極のところまで参じつめたところで、突如、心が打破され、そこではじめて成仏というものを知るのである。この方法の由来は、ふるい。

【資料43】記得先師高峰和尚、三十年深居此山。毎以一箇〝万法帰一一帰何処〟話教人。黙黙提起、密密咨参。但不使間断、亦不為物境之所遷流、亦不為順逆愛憎情妄之所障蔽。惟以所参話頭蘊之於懐。行也如是参、坐也如是参。参到用力不及処、留意不得時、驀忽打脱、方知成仏。其来旧矣。(『天目中峰和尚広録』巻第一之上、野口善敬解題、中文出版社景印本、頁三一)

記得《きとく》す、先師高峰《こうほう》和尚、三十年、深く此の山に居す。毎《つね》に一箇の「万法帰一、一帰何処」の話《わ》を以って人を教う。黙黙と提起《ていき》し、密密に咨参《しさん》す。但《た》だ間断せしめず、亦た物境《もつきょう》の遷流《せんる》する所と為らず、亦た順逆愛憎の情妄の障蔽《おお》う所と為らざるのみ。惟《た》だ参ずる所の話頭《わとう》を以って之を懐《おもい》に蘊《あつ》め、行くも也《ま》た如是《かくのごと》く参じ、坐するも也《ま》た如是《かくのごと》く参じ、参じて力を用い及ばざる処、意を留め得ざる時に到れば、驀忽《まくこつ》と打脱して、方《はじ》めて成仏を知らん。其の来るや旧《ふる》し。

「看話」の完成によって、開悟の可能性が多くの人に開放されることとなりました。それまで優れた機根と偶然の機縁にたよっていた参禅が、誰しも追体験可能な方式として規格化されたのです。しかし、その反面、これによって「悟り」が無機質で平均的な理念と化し、禅の個性的な生命力が衰退していったことも否めません(「看話禅」の形成とともに禅が限界点に達し民間信仰のなかに溶解していった過程が、前川亨《まえかわとおる》「禅宗史の終焉と宝巻の生成」によって解明されていま

す。『東洋文化』第八三号、二〇〇三年）。

禅がこのあと中国本土で新たな思想的発展をもちえなかったこと、しかしその一方で固有の言語や文化の壁を超えて東アジア各地に普及し、さらに二〇世紀には欧米社会にまで伝播しえたこと、その双方がともにこの「看話」の方法――アナログな問答からデジタルな公案への転換――のもたらした結果だったと言えるでしょう。

8　道元の中国禅批判

「本覚」と「始覚」をこえて

以上、唐代禅的・馬祖禅的禅が宋代でも広範な影響力をたもちつづけていたこと、それを批判し克服することで看話禅が生み出されていったことを考えました。

この対比と転換を、石井修道《いしいしゅうどう》先生は、大慧自身の次の語にもとづいて「本覚門《ほんがくもん》」から「始覚門《しかくもん》」への転換と説明されました（『宋代禅宗史の研究』第四章「宏智正覚と黙照禅の確立」、大東出版社、一九八七年、頁三四三。『道元禅の成立史的研究』第四章「道元の宋代禅批判」、大蔵出版、一九九一年、頁三二八。『大乗仏典中国・日本編12 禅語録』中央公論社一九九二年、頁四八四、ほか）。

「本覚」は「本来具わっているさとり」、「始覚」は「教えを聞いて修行し、はじめて得られるさとり」ということで（いずれも中村元『仏教語大辞典』）、大慧はこのことばを使って、自らの禅を次のように説明しています。

また「始覚が本に合したのが仏である」という（張商英『注清浄海眼経』）。今の「始覚」でもって「本覚」に合致するという意である。邪師の輩は、往々、黙然たる無言を「始覚」とし、世界の形成以前のところを「本覚」としている。だが、むろん、そんなことではない！　そうでないとすれば、では「覚」とは何か？　すべて「覚」なら、どうしてそのうえ「迷い」があるのか？　もし「迷い」など無いというなら、釈迦のおやじどのが明けの明星をみて突如覚り、おのが本性はなんとここにあったのか！　そう得心されたことはどうなるか。だから「始覚によって本覚に合する」というのである。禅者が本来の面目をつかむというのも、まさにこの道理にほかならぬ。そして、ソレは、各人の身の上にもともと具わっているのである。

【資料44】又云、「始覚合本之謂仏」。言以如今始覚合於本覚。往往邪師輩、以無言黙然為始覚、以威音王那畔為本覚。固非此理！　既非此理、何者是覚？　若全是覚、豈更有迷？　若謂無迷、争奈釈迦老子於明星現時忽然便覚、知得自家本命元辰元来在這裏！　所以言、「因始覚而合本覚」。如禅和家忽然摸著鼻孔、便是這箇道理。然此事人人分上、無不具足。（『大

慧普覚禅師語録』巻一八・孫通判請普説）

又た云く、「始覚《しかく》の本に合するを之れ仏と謂う」と。言うこころは、如今《にょこん》の始覚を以って本《ほん》覚《がく》に合するなり。往往、邪師《じゃし》の輩《はい》、無言黙然《むごんもくねん》を以って始覚と為し、威音王那畔《いおんおうなはん》を以って本覚と為す。固《もと》より此の理に非ず！　既に此の理に非ざれば、何者か是れ覚？　若し全て是れ覚なれば、豈《あ》に更に迷い有らん？　若し迷い無しと謂わば、争奈《いかん》せん、釈迦老子の明星《みょうじょう》現る時に於て忽然《こつねん》として便ち覚り、自家《おの》が本命元辰《ほんみょうがんしん》、元来《なんと》這裏《ここ》に在り！　と知得《しれ》るをや。所以《ゆえ》に言く、「始覚に因りて本覚に合す」と。禅和家《ぜんなけ》の忽然と鼻孔《びくう》を摸著《もじゃく》するが如きは、便ち是れ這《こ》箇の道理なり。然して此の事は人人《にんにん》分上に、具足せざる無し。

右に「邪師の輩」とあるのは、同時代の曹洞宗の禅、とくに真歇清了《しんけつせいりょう》の一門を指しています。大慧はそれを坐禅のなかの寂静にとじこもる禅という意味で「黙照邪禅《もくしょうじゃぜん》」とよびなし、激しい非難を加えました（「黙照」の語自体は同じく曹洞宗の宏智正覚《わんししょうがく》の『黙照銘』に見えますが、しかし、大慧と宏智の間にはふかい道交のあったことが伝えられています）。

圜悟が批判していたありのままの「無事」禅と大慧の批判対象であった坐禅にふける「黙照」禅、両者は今日の我々の眼からはまったく別もののように見えますが、すくなくとも大慧の目からみるかぎり、それらは同じ穴のムジナでした。いずれも、本来性（本覚）に自足し、現実態の自己を克服する契機（始覚）をもたない、という点では、択ぶところが無かったからです。

大慧も、人はひとりひとり本来みな仏であるという大前提（「本覚」）には立っています。しかし、人は、現実には迷っている。だから看話によって大悟し（「始覚」）、それによって、迷える現実態の自己（「不覚」）を克服し、本来の覚り（「本覚」）に立ち返らねばならぬ――それが大慧の主張でした。「本覚⇓不覚⇓始覚⇓本覚」というこの構造は、近くは『碧巌録』にみられたかの円環の論理をつぐものであり、遠くは最初期のいわゆる「北宗」禅に――方法を禅定から看話に発展させつつ――回帰するものでもありました。

さきにも述べたように、このような円環の論理は、ありのままの自己に対する肯定と否定の矛盾という長年の課題に応えるものであり、中国禅の論理のひとつの完成形と言えるでしょう。のちの『十牛図《じゅうぎゅうず》』の構成も、この「本覚⇓不覚⇓始覚⇓本覚」という円環構造を視覚化したものにほかなりません。

右の一段への分析をふまえつつ石井先生は、「禅宗の歴史の上にあらわれた修証《しゅしょう》観」を次のように類型化しておられます（『宋代禅宗史の研究』頁三八二、注二六）。「修《しゅう》」は修行、「証《しょう》」は悟りのことです。

A　本来ほとけであるから、あらゆる行為（行住坐臥）はすべてさとりのあらわれである。

Ｂ　本来ほとけであるからこそ坐禅が必要である。坐禅のときにさとりがあらわれる。

Ｃ　本来ほとけであるが（理として）、現実は迷っているので（事として）、さとらねばならない。

Ａが唐代ふうの平常無事の禅（「本覚」の禅）、Ｃが大慧の看話禅（「始覚」の禅）を指していることはすぐ分かります（大慧が黙照禅をＡの同類とみなしていたことは、先述のとおりです）。では「本来ほとけであるからこそ坐禅」という、一見奇妙なＢの説は、いったい何を指しているのでしょうか？

これは実は「本証妙修《ほんしょうみょうしゅう》」「証上《しょうじょう》の修《しゅう》」「修証一等《しゅしょういっとう》」などとよばれる、日本の道元の立場を指しています。右の三類型は、ＡとＣを止揚することで、このＢが生まれたことを説明するために提示されたものでした。

道元は『辨道話《べんどうわ》』で次のように説いています。

「修」と「証」が一つでないと考えるのは、外道の料簡にほかならない。仏法においては、「修」と「証」とは一つものなのである。「証」のうえでの「修」であるから、初心の修行がそのまま本来の「証」の全体である。それゆえ、修行の心得を授ける際に、「修」のほかに「証」を待ちもうけてはならぬと教えるのも、修行がそのまま本来の「証」の直截的開示であるからにほかならない。「修」の「証」だから「証」に終りはなく、「証」の「修」だから「修」には始めがないのである。

> 【資料45】それ、修証《しゅしょう》はひとつにあらずとおもへる、すなはち外道《げだう》の見なり。仏法には、修証これ一等なり。いまも証上の修《しゅ》なるゆゑに、初心の辦道すなはち本証の全体なり。かるがゆゑに、修行の用心をさづくるにも、修《しゅ》のほかに証をまつおもひなかれとをしふ、直指《ぢきし》の本証なるがゆゑなるべし。すでに修《しゅ》の証《しょう》なれば、証にきはなく、証の修なれば、修にはじめなし。（水野弥穂子校注『正法眼蔵』岩波文庫、一—頁二八）

「修」という道のりのはてに「証」があるのでなく、「修」の一歩一歩が——部分的完成のつみかさねでなく——そのまま本来の「証」の全体である。逆にいえば、本来の「証」は、「修」にさきだって存在する出発点（「本覚」）でもなければ、「修」のはてに予定された到達点（「始覚」）でもない。「証」は本来のものでありながら、「修」の歩みを通してしか現前せず、その一歩一歩の歩みのうえに断えず実現されつづけなければならないものだ、というのです。

単純化していえば「本来仏だから修行する」「修行しつづけているから本来仏なのだ」という不可解な論理ですが、しかし、石井先生の研究によれば、このB「本証妙修」は、相い対立するA「本覚」の禅とC「始覚」の禅の両極を同時にのりこえるという、いわば禅宗史の必然から生み出だされたものだったのでした。

唐代禅への批判

それゆえ道元の著述のなかには、これまでみてきたAの唐代的禅とCの宋代的禅の双方に対する批判が随処にみえます。まず「即心是仏＝作用即性＝平常無事」という唐代禅的・馬祖禅的――といっても、それは宋代の禅門にも広範に定着していたものでしたが――それに対する批判からみてみましょう。『辦道話』は十八条の問答を設定して議論を進めていますが、その第一六条に次のようにあります。

問。ある人がいっている、「〝即心是仏〟の趣旨を覚れば、口に経典を誦えず、身に仏道を行わなくとも、仏法においてまったく欠けたところはない。仏法はもともと自己にあると知りさえすれば、それが完善なる得道なのである。そのほかに更に他人に求めてはならぬ。まして、坐禅修行の労など必要あろうか」と。

答。この言は、最も無益な下らぬものだ。もし汝のいうとおりなら、教えさえすれば心あるもの誰にでも解るではないか。だが、仏法というのは、自他の分別をすてて修めるべきものであることを知らねばならぬ。自己が即ち仏だと知ることが得道だというならば、むかし釈尊が教化の労を費やされることもなかったはずではないか。……

【資料46】とうていはく、あるがいはく、「仏法には、即心是仏のむねを了達《れうだつ》しぬるがごときは、くちに経典《きやうでん》を誦《じゆ》せず、身に仏道を行ぜざれども、あへて仏法にかけたるところなし。たゞ仏法はもとより自己にありとしる、これを得道の全円とす。このほかさらに他人にむかひてもとむべきにあらず。いはむや坐禅辦道をわづらはしくせしめしていはく、このことば、もともはかなし。もしなんぢがいふごとくならば、こゝろあらむもの、たれかこのむねをしへむに、しることなからむ。しるべし、仏法はまさに自他の見《けん》をやめて学するなり。もし、自己即仏としるをもて得道とせば、釈尊むかし化道《けだう》にわづらはじ。……(『正法眼蔵』岩波文庫、一―頁四一)

仏法はもともと自己にある。「即心是仏」の一事を得心すれば、経典の読誦も坐禅修行も必要ない――ある人の説とされているのが、馬祖禅ふうの「即心是仏」＝「平常無事」の説を指していることは一目瞭然でしょう。しかし、道元はそれを認めません。ありのままの自己のありのままの是認という考え、それは道元にとって、とうてい受け容れられるものではありませんでした。

『正法眼蔵』即心是仏の巻には、「しかあればすなはち、〝即心是仏〟とは、発心《ほつしん》、修行《しゆぎやう》、菩提《ぼだい》、涅槃《ねはん》の諸仏なり。いまだ発心修行菩提涅槃せざるは、〝即心是仏〟にあらず」といっています（『正法眼蔵』岩波文庫、上―頁一四八）。「仏」というものは不断の修行のうえに一瞬一瞬に実現されつづけるものであって、何もしていないところにありのままに存在しているものではない。道元にとっては「即心是仏」も、さきにみた「本証妙修」の別名でなければならないのでした。

「即心是仏」＝「平常無事」がいけないのですから、むろん、これと一体の「作用即性」だっていいはずがありません。『正法眼蔵』即心是仏の巻では次のような説が「先尼外道《せんにげどう》が見」として痛烈に批判されています（同様の批判は『辦道話』にも見えます）。

いわゆる、苦楽を判別し、身をもって冷煖を知り、痛痒をありありと感知するもの。それは、何者にも妨げられず、いかなる外境にも関わらない。物は去来し外境は起滅するが、その「霊知」は常に実在して変わることがない。「霊知」はひろくゆきわたり、そこには凡夫・聖人・生き物の隔てはないのである。

【資料47】いはゆる苦楽をわきまへ、冷煖《りやうなん》を自知し、痛癢《つうやう》を了知す。万物にさへられず、諸境にかゝはれず。物は去来し境《きやう》は生滅すれども、霊知はつねにありて不変なり。此《この》霊知、ひろく周遍せり。凡聖含霊《ぼんしやうがんれい》の隔異《きやくい》なし。（『正法眼蔵』岩波文庫、一―頁一四一）

「昭昭霊霊《しょうしょうりょうりょう》」としてあるもの、これを覚者・知者の「性」という。これを「仏」ともいい「さとり」ともいう。自己にも他者にもひとしく具わり、迷える者にも悟れる者にも同じく通じているのである。

【資料48】昭々霊々としてある、これを覚者知者の性《しやう》といふ。これをほとけともいひ、さとりとも称ず。自他おなじく具足し、迷悟ともに通達せり（一―頁一四二）。

ここで批判されているのは、全身にゆきわたり、寒暖や痛痒をありありと覚知する生理的な感覚作用、それがそのまま仏性・本性だとする説です。これが「作用即性」説を指していることは言うまでもありません。「昭昭霊霊」の語が「作用即性」説における作用の形容であることはさきに『碧巌録』のなかで見たとおりです（【資料31】参照）。

道元の批判する「作用即性」説は、単に作用と本性を無媒介に等置するだけでなく、さらにその本性が肉体の生死を越えて永続するとする、いわば「作用即性」と「神不滅《しんふめつ》」を結合したようなものでした（『辦道話』でも同様です。石井先生の『道元禅の成立史的研究』第二章「道元の見性批判」、第十章「道元の霊性批判――鈴木大拙の霊性と関連して」などに詳論されています）。

今、その問題にはたちいりませんが、道元が「即心是仏＝作用即性＝平常無事」という、唐代禅的・馬祖禅的な禅を一貫して批判していたことは明らかでしょう。

宋代禅への批判

しかし、そうした批判は、すでに圜悟や大慧によって明確に述べられていました。これだけなら、別に目新しくもありません。ああ、道元もやっぱり宋代禅の流れに棹さしていたのか、そう思ったらおわりです。禅宗史上における道元の主張の新たな点は、唐代禅（「本覚」の禅）のみならず、唐代禅の克服をめざした宋代の禅、とくに大慧の看話禅（「始覚」の禅）、それをも同時に克服しようとしたところに見出されなくてはなりません。『正法眼蔵』大悟の巻に、こうあります。

昨今、大宋国のハゲ坊主どもがいっている、「開悟こそが本来目指すところである」と。そんなふうに言って、むなしく悟りの時を待ち設けるのである。しかし、それでは仏祖の光に照らされていないようなものだ。真正の師について学び取るべきものを、怠惰によって素通りしているのだ。それでは古仏が世に現われても、救いはあるまい。

【資料49】近日大宋国禿子《とくす》等いはく、悟道是本期《しほんご》《悟道是れ本期なり》。かくのごとくいひていたづらに待悟《たいご》す。しかあれども、仏祖の光明にてらされざるがごとし。たゞ真善知識に参取すべきを、懶惰《らんだ》にして蹉過《さこ》するなり。古仏の出世にも度脱せざりぬべし。（『正法眼蔵』岩波文庫、一―頁二一八）

これは「悟を以って則と為す」と説いた大慧らの「始覚」の立場を指したものです。『正法眼蔵随聞記』には、道元の次のようなことばも書きとめられています。

「公案・話頭」をみていくらか悟るところがあるようでも、それは却って仏祖の道から遠ざかる縁にほかならない。得ることも悟ることもなく、きっちり坐禅して時をすごせば、それこそがまさに仏祖の道なのである。古人も「看話」と「只管打坐」をともに勧められたとはいえ、やはり坐禅のほうをもっぱら勧められた。「話頭」によって悟りを開いた人も無いではないが、それとて坐禅の功績によってのことである。真の功績はまさに坐禅のほうにこそあったのだ。

【資料50】 公案話頭を見て聊《いささ》か知覚あるやうなりとも、其レは仏祖の道にとほざかる因縁なり。無所得、無所悟にして端坐して時を移さば、即チ祖道なるべし。古人も看話、祇管坐禅ともに進めたれども、なほ坐をば専ら進めしなり。また話頭を以て悟リをひらきたる人有リとも、其レも坐の功によりて悟リの開くる因縁なり。まさしき功は坐にあるべし。（巻六―二四、水野弥穂子『正法眼蔵随問記』ちくま学芸文庫、頁四〇六）

「学道の最要は坐禅是レ第一なり」「然レバ、学人祇管打坐《しかんたざ》して他を管ずる事なかれ。仏祖の道はただ坐禅なり」、そう説いたなかでの一節です。道元の「只管打坐」（「本証妙修」）が「看話」（「始覚」）の対立項として考えられていたことがわかります。

「公案・話頭」を看るという禅が、古人の言句を「活句」とみなすことと不可分であることは『碧巌録』でみたとおりです（【資料38】参照）。ですから「活句」も当然、道元の指弾を免れません。次は道元が入宋時に見聞した「無理会話《むりえわ》」の流行を非難したものですが、「理会《りえ》」は理解するということ。したがって「無理会話」は理解の余地の無い言葉ということで、つまりは「活句」のことにほかなりません（朱子も同じものを「無頭話」とよんで批判しています）。

現在、大宋国にデタラメな連中がある。それが今や群れをなしていて、ささやかな真実などではとても撃退はかなわない。その者たちは、「東山《とうざん》が水上を行く」という雲門の公案、「この鎌はよく切れる」といった南泉の公案、それらはみな「無理会話《むりえわ》」であるという。すなわち、さまざまな思慮に関わる言葉は仏祖の禅の言葉でなく、「無理会話」こそが仏祖の言葉であるというのである。そこでは、黄檗《おうばく》の棒打や臨済《りんざい》の大喝などは、みな理解の及ばぬ、思慮に関わらぬものとされ、それを世界生成以前のところの大悟などと称するのである。古徳の方便はおおむね葛藤を断ち切る語の使用にある、といわれるのも、つまりはこの「無理会話」のことなのである。

【資料51】いま現在大宋国《だいそうこく》に、杜撰《とせん》のやから一類あり、いまは群をなせり。小実《せうじつ》の撃不能《ぎやくふのう》なるところなり。かれらいはく、「いまの東山水上行話《とうざんすいじやうかうわ》、および南泉の鎌子話《れんすわ》ごときは、無理《むり》会話《うぃわ》なり。その意旨は、もろ〳〵の念慮にかゝはれる語話は仏祖の禅話にあらず。無理会話、これ仏祖の語話なり。かるがゆゑに、黄檗《わうばく》の行棒《ぎやうぼう》および臨済《りんざい》の挙喝《こかつ》、これら理会およびがたく、念慮にかゝはれず、これを朕兆未萌《ちんてうみばう》以前の大悟《だいご》とするなり。先徳の方便《はうべん》、おほく葛藤《かつとう》断句《だんく》をもちゐるといふは無理会なり」。(『正法眼蔵』岩波文庫、二―頁一八九)

道元はこうした風潮を「宋土ちかく二三百年よりこのかた、かくのごとくの魔子《まし》・六群禿子《とくし》〔頭を丸めただけの俗物〕おほし。あはれむべし、仏祖の大道《だいだう》の癈《はい》する〔不治の病に陥る〕なり。これらが所解《しよげ》、なほ小乗声聞《せうじようしやうもん》におよばず、外道《げだう》よりもおろかなり」と、口をきわめて非難しています(頁一九〇)。

道元は南宋の末期に入宋しました。つまり、唐代―宋代とつづいた禅の歴史の最後の時期に中国本土の禅門に身を投じたわけです。現実の問題として彼の眼前にあったのは、「大宋国」で直面した大慧系の看話禅(「始覚」の禅)の席巻と、にもかかわらずなお根強くのこる唐代ふうのありのままの禅(「本覚」の禅)の風潮、そして帰国後、自身の門下に集団で流れ込んできたいわゆる「日本達磨宗」の禅でした。

「日本達磨宗」については、その祖である大日房能忍《だいにちぼうのうにん》が大慧宗杲の弟子である仏照徳光《ぶっしょうとっこう》から嗣法したので、当初は何となく、宋代の看話禅の系統を受けたもののようにも想像されていました（さきに引いた『正法眼蔵』大悟の巻には、「悟道是本期」という「待悟」の禅を批判して、「仏祖の光明にてらされざるがごとし」といっていました【資料49】。この表現はもしかしたら「仏照徳光」の名をよみこんだアテコスリではないでしょうか）。

しかし、これも石井先生らの研究によって、そうでないことがはっきりしました。「行無く修無し、本とより煩悩無く、元よりこれ菩提なり」、そのように説く邪説だと栄西《えいさい》がつとに非難していたように（『興禅護国論』第三門余）、「日本達磨宗」の禅は、むしろ典型的なありのままの禅（「本覚」の禅）だったのです（『道元禅の成立史的研究』第九章「道元の日本達磨宗批判」。その他、関連の史料と研究は膨大ですが、先生の「日本達磨宗の性格」という論文でそれらが総括されています。『松ヶ岡文庫研究年報』第一六号、二〇〇二年。松ヶ岡文庫のホームページからダウンロードできます）。

「本証妙修」とは

つまり、道元は、長い禅の歴史のうえでも、目の前の個別的な現実問題としても、対極的な「唐代禅」型と「宋代禅」型、その双方の禅を同時に相手どらねばならない位置に立っていたのでした。

道元の伝記には、道元が叡山を出て栄西の門下に転ずる契機となった次のような「疑滞」が必ず出てきます。

如《も》し本自《もとよ》り法身法性《ほっしんほっしょう》なれば、諸仏《しょぶつ》は甚麼《なん》の為にか、更に発心修行《ほっしんしゅぎょう》せるか。（『元祖孤雲徹通三大尊行状記』）

一切経には「本来本法身《ほんらいほんぽっしん》、天然自性身《てんねんじしょうしん》」――人はもともと仏である――と書いてある（『永平寺三祖行業記』では「本来本法性《ほんらいほんぽっしょう》、天然自然身《てんねんじねんしん》」）。だのに、なぜ、諸仏はその上さらに発心し修行したのか、という疑問です。

これについては、中古天台でつとに解決ずみの低次の問題だという評価もあるそうですが、教理学的に結論が出ていることと活き身の自己の問題が決着することとは別でしょう。私には、この「疑滞」が、上にいう「唐代禅」型（「本覚」の禅）と「宋代禅」型（「始覚」の禅）の矛盾を象徴的に示したもののように思われてなりません。後世の伝記作者の創作なのでしょうが、それならそれで、道元が直面した禅宗史上の課題をよく捉えた寓話といえるでしょう。「本来仏だから修行する」「修行しつづけているから本来仏なのだ」――道元のこの特異な論理は、「本来仏だから、修行などせず、ありのままでいるのがよい」という「唐代禅」型と、

「本来仏であるが、現実には迷っているので、修行して悟りを開かねばならない」という「宋代禅」型、その矛盾を不断の修行によって一瞬一瞬に止揚しつづけようとするものでした。これは、ありのままの自己に対する肯定と否定の矛盾という長年の課題に、宋代禅の円環の論理とは別の、もう一つの論理で応えようとしたものとも言えるでしょう。

「本覚」（正）⇩「始覚」（反）⇩「本証妙修」（合）という弁証法、それは観念の上で思弁的に考えられたものでなく、禅宗史の現実の上で実践的に考え出されたものであり、と同時に、それは、実践を通してしか成立しえないものでした。もし純粋に理論としての完成を考えるなら、そこには、修行していない時「本証」がどこにあるかを説明できないという致命的な欠損があるように思われます。しかし、もし道元にそんなことをたずねたら、閑葛藤の観念論と、わけもなく一蹴されてしまうことでしょう。修行していない時がなければ、そんなことはハナから考える余地もない。そんなことを疑問に思うのは修行してない何よりの証拠だからです（私のような人間が言うのもナンですが）。

「本証妙修」という考え方は、修行していない時が一瞬も無く、修行がなされていない処が一点も無い、いわば仏道がくまなく不断に行じつづけられている世界、それを現実に構築し運営することと不可分だったにちがいありません。『正法眼蔵』の述作の多くが永平寺《えいへいじ》（当初の寺名は大仏寺）開創以前の時期に集中しているのに対し、それ以後は『永平広録《えいへいこうろく》』にのこされているような漢文による定例の上堂の継続や僧堂運営に関する各種規則の成文化に心血がそそがれているのも、まさにその現れだったのではないかと思われます（石井清純「永平寺撰述文献に見る道元禅師の僧団運営」、『道元禅師研究論集』大修館書店、二〇〇二年）。もしも「あなたの代表作は？」とインタビューされたら、道元禅師はきっと、『正法眼蔵』でなく、「永平寺」と答えられたのではないでしょうか。

第4講　「無」と「近代」——鈴木大拙と二〇世紀の禅

最終回は、一気にとんで二〇世紀の話です。

でも、時間と距離はとんでいますが、禅の流れはとんでいません。

宋代の禅は東アジア各地に伝播して日本にも伝えられ、二〇世紀には、日本からさらに欧米社会にもひろめられました。もともと中国の宗教であった「禅」が、今日「Chan」という中国語でなく、「Zen」という日本語の発音でよばれているところにも、そうした経緯が表れています。

1　無字と隻手

『夢十夜』と「趙州無字」

夏目漱石の『夢十夜』をお読みなったことがある方は、少なくないでしょう。その第二夜に、次のような一節があったのをご記憶でしょうか？

> 短刀を鞘へ収めて右脇《みぎわき》へ引きつけておいて、それから全伽《ぜんが》を組んだ。——趙州《じょうしゅういわ》曰く無《む》と。無とは何《なん》だ。糞坊主《くそぼうず》めと歯嚙《はがみ》をした。
> 奥歯を強く咬《か》み締めたので、鼻から熱い息が荒く出る。米嚙《こめかみ》が釣って痛い。眼は普通の倍も大きく開けてやった。（岩波文庫、頁一一三）

主人公は坐禅しながら、かの「趙州無字《じょうしゅうむじ》」の公案に懸命にとりくんでいます。「趙州無字」が宋の大慧の「看話」禅において最も多用された公案であることは、言うまでもありません。「無字」の公案は、日本ではもっぱら、『無門関《むもんかん》』という小さな書物にもとづいて参究されてきました。南宋の無門慧開《むもんえかい》禅師が編んだ、ごく簡略な公案集です。

趙州《じょうしゅう》和尚、因《ちなみ》に僧問う、狗子《くし》に還《かえ》つて仏性《ぶっしょう》有りや也《ま》た無《な》しや？　州云く、無《ム》！

この公案を第一則にとりあげて、無門は次のように説いています。

さあ、この関門を突破しようという者があるであろう。ならば、骨の節々から一つ一つの毛穴まで、すべてを挙げて体まるごとに一個の疑いのカタマリを立て、〝無〟の一字を参究するのだ。昼も夜もこれにとりくみ、そこに虚無という理解も、有る無しという理解も加えてはならぬ。まっ赤に焼けた鉄の玉を丸呑みにしたように、吐こうにも吐き出せぬまま、これまでの悪しき知見をすべて滅し尽すのだ。すると、じっくり熟成するうちに、自ずと内と外とが一枚になってくる。それは口のきけぬ者が夢を見たように、ただ自身がうべなうほかない境地である。そして、そこが突如打破されると、あとはもう関羽《かんう》将軍の大刀を我が手に奪い取ったがごとく、仏に逢《お》うては仏を殺し、祖に逢《お》うては祖を殺し、生死《しょうじ》の崖っぷちで大自在を得、六道輪廻《ろくどうりんね》のただなかで心おきなく遊び戯れることができようというものだ。では、この〝無〟の一字に、如何にとりくめばよいのか。日ごろの気力の限りを尽くし、この〝無〟の一字を念ずるのだ。とぎれることなくそれをやってゆけば、あるとき仏前の灯明のように、そこにぽっと灯がともされるであろう。

【資料52】莫有要透関底麼？　将三百六十骨節八万四千毫竅、通身起箇疑団、参箇無字。昼夜提撕、莫作虚無会、莫作有無会。如呑了箇熱鉄丸相似、吐又吐不出、蕩尽従前悪知悪覚。久久純熟、自然内外打成一片、如唖子得夢、只許自知。驀然打発、驚天動地、如奪得関将軍大刀入手、逢仏殺仏、逢祖殺祖、於生死岸頭得大自在、向六道四生中遊戯三昧。且作麼生提撕？　尽平生気力、挙箇無字。若不間断、好似法燭一点便著。（『無門関』第一則「趙州狗子」、平田高士『無門関』筑摩書房、禅の語録一八、頁一四）

この関を透《とお》らんと要《ほっ》する底《もの》有るに莫《あら》ず麼《や》？　三百六十の骨節、八万四千の毫竅《けあな》を将《も》って、通身に箇《ひとつ》の疑団を起し、箇《ひとつ》の〝無〟字に参ぜよ。昼夜に提撕《ていぜい》し、虚無の会《え》を作《な》す莫《なか》れ、有無の会《え》を作《な》す莫《なか》れ。箇《ひとつ》の熱鉄丸を呑了《まるのみ》せるが如くに相似《あいに》て、吐《は》かんにも又た吐不出《はきいだせず》、従前の悪知《あくち》悪覚《あくかく》を蕩尽《とうじん》せん。久久に純熟して、自然《じねん》に内外打成一片《ないげだじょういっぺん》なれば、唖子《あす》の夢を得る如く、只だ自から知るを許すのみ。驀然《まくねん》と打発《だはつ》せば、天を驚かし地を動かし、関将軍の大刀を奪《うば》得いて手に入れしが如く、仏に逢《お》うては仏を殺し、祖に逢《お》うては祖を殺して、生死《しょうじ》の岸頭《がんとう》に於て大自在を得、六道四生《ろくどうししょう》の中に向《おい》て遊戯三昧《ゆげざんまい》せん。且《まず》は作麼生《いかに》か提撕《ていぜい》せん？　平生の気力を尽《つ》くして、箇《ひとつ》の〝無〟字を挙《こ》せ。若《も》し間断せずんば、好《あたか》も法燭の一点して便ち著《とも》るが似《ごと》くならん。

漱石先生（一八六七―一九一六）が鎌倉円覚寺《えんがくじ》で参禅した経験をもつことは、小説『門』にも投影されています。明治二七年（一八九四）の一二月二三日または二四日から、翌年の一月七日までのことで、師事したのは明治期きっての高名な禅僧、釈宗演《しゃくそうえん》老師（一八五九―一九一九）でした。以前、鎌倉東慶寺《とうけいじ》の宝物館で宗演禅師の参禅者名簿の展示を見たことがありますが、ちょうど「夏目金之助」と書かれたページが見えるように置かれていました。

宗演老師は『無門関』の提唱のなかで、無字について次のように説いておられます。

無とは、無いと云ふ字であるが、そんなら、無いと云ふ事か。有無の無か断無の無か、どういう無字であらう。（『無門関講議』光融館、一九〇九年、頁一）

参禅工夫は、啻《ただ》に座蒲団の上ばかりには限らぬ、又昼夜の隔ては無い、起きる上、寝る上、喰ふ上、屙《くそ》れる上、応対の上、作務の上、一切時、一切処に於て、無字三昧に成りきれと云ふ、のである。（同頁六）

趙州の「無」は、有るか無いかという問いに「ない」と答えているのではない。有る無しを超えた絶対の「無」を示したものであり、理屈を捨てて、二六時中、この「無」そのものになりきらねばならぬ――この所説が『無門関』をふまえ、『無門関』がさらに大慧をふまえていることは言うまでもありません。

『夢十夜』第二夜で主人公は、老師の叱咤や嘲笑に歯ぎしりしながら、この「無字」になりきろうと必死に坐禅しています。しかし、そうもがけばもがくほど、かえって心は乱れ、はてしない混迷と煩悶にさいなまれてゆきます。その苦悶と焦燥を『夢十夜』は次のように描いています。

自分はいきなり拳骨《げんこつ》を固めて自分の頭をいやというほど擲《なぐ》った。そうして奥歯をぎりぎりと噛んだ。両腋《りょうわき》から汗が出る。脊中《せなか》が棒のようになった。膝の接目《つぎめ》が急に痛くなった。膝が折れたってどうあるものかと思った。けれども痛い。苦しい。無はなかなか出て来ない。出て来ると思うとすぐ痛くなる。腹が立つ。無念になる。非常に口惜しくなる。涙がほろほろ出る。一《ひ》と思《おもい》に身《み》を巨巌《おおいわ》の上に打《ぶ》けて、骨も肉も滅茶々々《めちゃめちゃ》に砕《くだ》いてしまいたくなる。

それでも我慢して凝《じっ》と坐っていた。堪えがたいほど切ないものを胸に盛《い》れて忍んでいた。その切ないものが身体中《からだじゅう》の筋肉を下から持上げて、毛穴から外へ吹き出よう吹き出ようと焦《あせ》るけれども、何処《どこ》も一面に塞《ふさ》がって、まるで出口がないような残刻《ざんこく》極まる状態であった。

その内に頭が変になった。行燈も蕪村の画も、畳も、違棚《ちがいだな》も有って無いような、無くって有るように見えた。といって無はちっとも現前《げんぜん》しない。ただ好加減《いいかげん》に坐っていたようである。ところへ忽然《こつぜん》隣座敷《となりざしき》の時計がチーンと鳴り始めた。

はっと思った。右の手をすぐ短刀に掛けた。時計が二つ目をチーンと打った。（岩波文庫、頁一二三）

白隠の禅――看話禅の体系化

読んでいるだけでも、胸が苦しくなってきます。これほどまでの思いをしながら、主人公は、何を求め、何をめざしているのでしょうか？　日本論の古典として名高いルース・ベネディクトの『菊と刀』の次の一段は、右の描写の恰好の注釈になるでしょう。

何とかして「悟り」を開こうと躍起になる弟子たちにきっかけを与える上で、いちばん好まれるテクニックが、「コウアン（公案）」だった。直訳すれば、「問答」である。これらの問答は千七百あると言われている。その公案集の問答の一つに、七年の歳月をかけて、ついに解答を見出した修行僧がいた。しかし公案集の目的は、そうした七年の歳月などまったく歯牙にもかけていない。筋の通った解答などはなから当てにしていないのだ。一つは「片手を打つ音を想像するには」、さらには「身ごもられるまえに母への思慕を感じるには」。他にも、「自分の屍《しかばね》を背負いて歩む者は誰か？」、「われに向かいて歩み寄る者は誰か?」、「すべては一に帰する。この一の帰するは何処?」などというのがある。これらの公案は、十二世紀、十三世紀より前には中国で使われ、日本は禅宗を受け入れたとき、一緒にこれらの公案も受け入れた。ところが、大陸では、これらはすたれてしまったのである。日本では、これらは「練達」の訓練では非常に大切な部分を占めている。禅の手引書は、これらを極端なまでに真剣に扱う。「公案には人生のディレンマが秘められている」。手引書によれば、公案の解答を摸索している者が遭遇する窮地は、「出口のないトンネルのなかで追われる鼠」、「喉に灼熱の鉄球を詰まらせた人間」、「鉄の固まりを刺そうとする蚊」の窮地である。その人物は我を忘れて、さらにあがく。ついに彼の頭と公案を隔てていた「見る我」の幕がはらりと落ちて、一瞬の閃きのなかで頭と公案が合致する。それで「悟れた」のである。(越智敏之・越智道雄訳、平凡社ライブラリー793、二〇一三年、頁二九九)

『菊と刀』の第十一章「修養」は忽滑谷快天《ぬかりやかいてん》(一八六七—一九三四)と鈴木大拙《すずきだいせつ》(一八七〇—一九六六)の英文著作を援用しながら、禅の解説に多くの紙幅をあてています。右の引用はその一部で、宋代に完成された「公案」禅、とくに「看話」禅の方法が、よく要約されているように思われます。

公案の数について右に「千七百あると言われている」と書かれています。たしかに中峰明《ちゅうほうみん》本《ぽん》の語録にも「千七百の閑言《かんげん》長語《ちょうご》」とか「一千七百則の葛藤《かっとう》」といった表現が見えます。でも「千七百」というのは、実数ではありません。それはもともと北宋の初めに編まれた『景徳《けいとく》伝灯録《でんとうろく》』に記録されている禅僧の数でした（自分で数えたことはありませんが、序文に「凡《すべ》て五十二世、一千七百一人」と書かれています）。そこから、金沢といえば「百万石」、大江戸といえば「八百八町」というように、公案といえば「千七百」、というのが決まり文句になったのでした（中村元『仏教語大辞典』「公案」の条には、「その総数は千七百にのぼっている」とまことしやかに書かれていますが）。

　さて、右の一段で「片手を打つ音を想像するには」といわれているのが、有名な江戸時代の高僧、白隠慧鶴《はくいんえかく》禅師の創唱にかかる「隻手《せきしゅ》」の公案であることには、お気づきの方も多いでしょう。「両掌《りょうしょう》相い打って声あり、如何なるか是れ隻手《せきしゅ》の音声《おんじょう》」——両手を打てば音がする、しからば、片手の音は如何なるものか？　漢語では二つで一対のものを「雙《ソウ》（双）」といい、そのうちの一方を「隻《セキ》」といいます（クツを片方だけ手に持った達摩の絵を「隻履《せきり》」の達摩というのもそのためです）。サリンジャー（一九一九―二〇一〇）の小説『ナイン・ストーリーズ』の冒頭に掲げられた次の一文は、この「隻手」の公案の英訳です。

We know the sound of two hands clapping.
But what is the sound of one hand clapping ?

「one hand clapping——隻手の音声」は、今日、海外で最もよく知られた公案かもしれません。こういうところにも「禅」が日本発で西洋に伝えられた歴史がうかがわれます。

白隠は自身の「無字」の参究の経験からこの公案を案出していった経緯を、『隻手音声《せきしゅおんじょう》（一名、藪柑子《やぶこうじ》）』という仮名法語で次のように語っています。

老衲《わたし》は十五の歳に出家しました。二十二三の頃は、大憤志をおこして、夜も昼も、ひたすら無字の公案を拈提しました。二十四歳の春、越後高田の英岩寺の摂心のとき、ある夜、遠くに響く鐘の音を聞いて、忽然として悟るところがありました。それ以来四十五年間、縁のあったすべての人々に、何とぞ一回、見性の体験をして大事透脱の力を得て下さるようお勧めし、あるいは自己心性の根源について疑わしめ、あるいは趙州無字の公案によって工夫させるなど、いろいろな方法で指導して来たのですが、この間に、それぞれ見性した人は、老幼男女、僧俗あわせて数十人もあったと思います。

そして、この五六年以来は、考えるところがあって、「隻手の声を聞き届けよ」ということを教えているのですが、これまでとは異なって、どなたも格別に疑団が起こりやすく、工夫を進めやすいようで、従前の公案とくらべ、その効果には雲泥の差があるように感じております。それで今では、もっぱら隻手音声の工夫をお勧めしているのです。

隻手の工夫とはどういうことか。今、両手を相い合わせて打てば、パンという音がするが、ただ片手だけをあげたのでは、何の音もしない。『中庸』には「上天の載《こと》は声も無く臭《か》も無し」とあるが、ここの消息であろう。また、謡曲の『山姥《やまんば》』には「一洞《いっとう》空しき谷の声、梢に響く山彦の、無生音を聞く便りとなり、声に響かぬ谷もがな」とあるが、これもここのところの秘要を言ったものであろう。（芳澤勝弘『白隠禅師法語全集』第十二冊、禅文化研究所、二〇〇一年、頁八）

【資料53】老夫《ろうふ》初め十五歳にして出家、二十二三の間、大憤志《だいふんじ》を発して、昼夜に精彩《せいさい》を著け、単々《たんたん》に無の字を挙揚《こよう》し、二十四歳の春、越《えつ》の英巌練若《えいがんれんにゃ》に於て夜半鐘声《しょうせい》を聞いて、忽然《こつねん》として打発《たはつ》す。夫《そ》れより今年まで四十五年が間、朋友親戚《ほうゆうしんせき》を択《えら》ばず、老幼尊卑《ろうようそんぴ》をすてず、何卒《なにとぞ》一回大事透脱《だいじとうだつ》の力を得られよかしと、或は自己に付いて疑はしめ、或は無の字を参究せしめ、種々方便を廻らし、提携教諭《ていげいきょうゆ》しけるに、其中間《そのちゅうかん》、少分《しょうぶん》の相応《そうおう》を得て歓喜《かんぎ》を得たる人々は（老幼男女《ろうようなんにょ》、緇素尊鄙《しそそんぴ》）、大凡《おおよそ》数《す》十人に及ぶべく覚へ侍り。（頁四三）

此五六ヶ年以来は思ひ付きたる事侍りて、隻手《せきしゅ》の声を聞届け玉ひてよと人毎に指南し侍るに、従前《じゅうぜん》の指南と抜群《ばつくん》の相違ありて、誰にも（格別に）疑団《ぎだん》起り易く、工夫《くふう》（励み）進み易き事、雲泥《うんでい》の隔有之様《へだてこれあるよう》に覚へ侍り。是に依りて、唯今専一に隻手《せきしゅ》の工夫《くふう》を勧め侍り。蓋《けだ》し、隻手の声とは如何なる事ぞとならば、即今、両手打合せて打つ時は丁々《とうとう》として声あり。唯隻《せき》手《しゅ》を挙《あぐ》る時は音もなく香もなし。是れ彼《か》の孔夫子《こうふうし》の所謂《いわゆる》烝天《じょうてん》の事といはんか、将又《はたまた》、彼の山姥《やまんば》が云ひけん、一丁《いっとう》空しき谷の響《ひびき》は無生音《むしょうおん》をきく便り（と）成るとは、此等《これら》の大事にや（はある）。（頁四五）

公案の多くは、過去の禅僧の問答を「活句」に読みかえ、「公案」に転用したものでした。それに対して「隻手」の場合は、初めから「公案」として作られているところが独特です。有意味な問答だったものから意味を切り落として「活句」に読み換えてゆくより、ハナから「活句」そのものとして作られたもののほうが、「疑団」を起す効率が格段によかったということでしょう。

大慧によって創出された「看話」禅は、日本に伝わり、江戸時代の白隠にいたってさらに体系的に組織化されました。一つの公案を参究し、それで悟って終わるのでなく、階梯的・系統的に配列された多数の公案を順次参究してゆくという方法です。今日でも室内の秘伝という性格が強く、門外からその内実を伺うことはできませんが、秋月龍珉《あきづきりょうみん》『公案』（一九六五年。二〇〇九年、ちくま学芸文庫再録）の解説によると、その全体は「法身《ほっしん》・機関《きかん》・言詮《ごんせん》・難透《なんとう》・向《こう》上《じょう》」の五段階からなり、その上に最後のしあげとして「洞上五《とうじょうご》位《い》」「十重禁戒《じゅうじゅうきんかい》」という段階があるそうです。各段階に多数の公案が配され、各公案にさらに「拶処《さっしょ》」という種々の応用問題が付されているとのことで、巻末の付録「越渓《えっけい》―禾山《かざん》下室内公案体系」に、その実例をみることができます。「文庫版あとがき」によると、これが活字で公開されるだけもたいへんなことだったようですが、しかし、これをみても、我々には何をどうやるのか見当もつきません。やはり、正師についての実参実究と切り離せないものなのでしょう。

2　大拙の禅体験

漱石、そして大拙・西田

夏目漱石や、鈴木大拙《すずきだいせつ》（一八七〇―一九六六）、西田幾多郎《にしだきたろう》（一八七〇―一九四五）といった近代の知識人たちが取り組んだのも、そうした白隠の禅でした（道元が宗門外の知識人たちから注目されるようになるのは、漱石や西田の弟子の代の、和辻哲郎《わつじてつろう》や田辺元《たなべはじめ》以後のことでした）。

漱石先生の参禅は半月ほどで終わりましたが、禅への関心はながくつづきました。晩年『明暗』の執筆と平行して毎日漢詩をつくりつづけましたが、後になるほどそのなかに禅のことばが多用されるようになっていきました。齋藤希史《さいとうまれし》先生は『漢文脈と近代』という本のなかでこのことにふれ、漱石の漢詩を「文明社会への対抗原理としての閑適」の表現、ととらえたうえで、次のように指摘しておられます。

そのとき、禅家の句が詩にあらわれるのはいかにも象徴的です。実際、生ぐさいかどうかは別にして、漱石の漢詩に禅の要素が次第に濃厚になっていくのはたしかでしょう。もともと漱石は禅に関心があり、参禅もしているのですが、漢詩によって禅を本格的に表現しはじめたのは、やはり「明暗」以降です。文明社会そのものへの対抗原理となると、たんなる閑適では弱いのです。山水画を飾ってのんびりした気持ちになればよしというわけにはいかなくなります。禅の境地は、その意味では、強力な対抗原理になり得ます。(NHKブックス、二〇〇七年、頁二一七)

「文明社会への対抗原理」としての「禅」というのは、漱石のみならず、近代における禅を考えるうえできわめて重要な指摘だと思います。このことには、また後でふれます。

いっぽう大拙や西田の禅への参究はながくつづきました。今日、臨済宗の老師について白隠禅に参ずる場合、最初に上記の「趙州無字《じょうしゅうむじ》」か「隻手音声《せきしゅおんじょう》」の公案が与えられるのがふつうだそうです。大拙や西田も、その例外ではありませんでした(むろん例外もあります。漱石自身が実際に宗演老師から課されたのは、『門』に出てくる「父母未生《ふぼみしょう》以前、本来《ほんらい》の面目《めんもく》」という公案だったそうです。『菊と刀』に「身ごもられるまえに母への思慕を感じるには」とあったのは、これのことかもしれません)。

西田幾多郎と鈴木大拙はともに明治三年の加賀の生まれ。十代に金沢の「第四高等中学校」

（もとの石川県専門学校、のちの旧制第四高等学校）で学友となってから、生涯にわたる親友でありつづけました。

彼らが禅に接したのは北條時敬《ほうじょうときゆき》という数学の先生の感化によるものでした。北條先生はのちに広島高等師範の校長、東北帝大の総長、学習院の院長などを歴任した高名な教育者でしたが、それと同時に、かつて鎌倉円覚寺の今北洪川《いまきたこうせん》老師（一八一六―一八九二）に参じた本格の居士《こじ》（在俗の修行者）でもありました。西田はこの先生にたいへん可愛がられ、先生の家に寄宿していました。西田は、その頃の、次のような思い出を書き留めています。

私が先生の御宅にいた頃かと思う。一日、東京からT君が来て先生と話している時、先生は黙って私とT君に『遠羅天釜《おらてがま》』を一冊ずつ下さった。T君は禅というものはどういうものかというようなことをいったら、先生は脇腹に刃を刺し込む勇気があったらやれというようなことをいわれた。ただそれだけである。（「北条先生に始めて教を受けた頃」昭和四年／上田閑照編『西田幾多郎随筆集』岩波文庫、一九九六年、頁一六）

『遠羅天釜』も白隠の仮名法語のひとつです。西田はこの後、本格的に参禅にとりくむようになります。後年、富山の国泰寺《こくたいじ》の雪門《せつもん》和尚に参じた際は、最初に「無字」を与えられ、途中でそれを「隻手」に替えられました。次に参じた京都大徳寺《だいとくじ》の広州《こうじゅう》老師から再び「無字」を与えられて、ついにそれを突破しましたが、しかし、その日の「日記」には「晩に独参無字を許さる。されども余甚《はなはだ》悦ばず」と書きつけています（明治三六年〈一九〇三〉八月三日／『西田幾多郎随筆集』頁二六九）。禅の体験だけでは解決しきれない、近代的な問題意識がすでに深まっていたのでしょう。

いっぽう大拙は家庭の困窮のため、早くに学校を中退していました。西田たちから北條先生の話を伝え聞いて禅に関心をもち、ひとりで国泰寺を訪ねていったりしましたが、その時は何の手がかりも得られず、しょんぼり家に帰ったそうです。

大拙が本格的な参禅をはじめたのは、東京に出てからでした。明治二四年（一八九一）六月、鎌倉円覚寺でまず今北洪川老師について禅の修行をはじめましたが、翌年、老師が遷化《せんげ》され（禅僧の死去を「遷化」といいます）、その後をついだ釈宗演老師について参禅をつづけました。宗演老師は臨済禅の正統の師家ではありましたが、禅門の伝統のなかにとどまらず、禅の近代化・国際化に大きな足跡をのこした人でした。大拙は後年、その活躍の姿を次のように書いています。

宗演師の生活はいつも、必ずしも伝統に囚はれなかつた。禅への修行を了へてから、慶應義塾へ入学し、それから錫蘭《セイロン》へ行つて南方仏教を実地に生活せられた。帰国せられてからは、禅堂で雲水を接得することのみに没頭せられなかった。適当な後継者を得られてからは、東慶寺へ隠退して、諸方の摂化に維れ日も足らずと云ふほどであつた。師の門に入つたものは、社会の各階層にわたつて実に千を以て数ふるであろう。師はまた、シナへも欧米へも行脚せられた。外人の弟子もあつた。此くの如く広く行化の路を印せられたものは、近代の禅僧としても仏教徒としても、稀有に属する。（鈴木大拙『今北洪川』全集二六―頁二二九）

「禅」が西洋社会に発信されるようになったのも、明治二六年（一八九三）、シカゴ万博の一部として開催された万国宗教会議に宗演老師らが赴いて講演を行ったことがその発端でした。その翌年、明治二七年（一八九四）の暮れ、漱石が宗演禅師に参ずるべく円覚寺内の帰源院《きげんいん》に寄寓したさい、そこにはすでに若き日の大拙が住み込んでいました。『門』のなかに次のような一段がありますが、主人公「宗助《そうすけ》」は漱石自身の投影、「居士《こじ》」は若き日の大拙、そして二人の世話をしてくれている「宜道《ぎどう》」というお坊さんは、のちに宗演老師の後をついで活躍した釈宗活《しゃくそうかつ》老師のことです（井上禅定『釈宗演伝』禅文化研究所、二〇〇〇年、頁九四）。

この居士は山へ来てもう二年になるとかいう話であった。宗助はそれから二、三日して、始めてこの居士を見たが、彼は剽軽《ひょうきん》な羅漢《らかん》のような顔をしている気楽そうな男であった。細い大根《だいこ》を三、四本ぶら下げて、今日は御馳走を買って来たといって、それを宜道に煮てもらって食った。宜道も宗助もその相伴《しょうばん》をした。この居士は顔が坊さんらしいので、時々僧堂の衆に交《まじ》って、村の御斎《おとき》などに出掛ける事があるとかいって宜道が笑っていた。

（岩波文庫、頁二〇二）

大拙自身はこの頃のことを、後年、こう回想しています。「二十六年の春、帰源院に寄宿したのかな。帰源には宗活和尚がいた。のちの両忘庵だ。洪川老師の居士であったが、宗演老師のとき坊さんになって、そのころ帰源院にいた。そこでわしらは夏目（漱石）さんといっしょになったわけだ」（秋月龍珉『世界の禅者――鈴木大拙の生涯』岩波同時代ライブラリー、一九九二年、頁一四〇）。

西田も当時の大拙のようすをこう書いています。「我々が大学へ入る頃、君〔大拙〕は独り円覚寺《えんがくじ》の僧堂に行った。その頃なお洪川《こうせん》老師がおられたが、すぐ遷化《せんげ》せられたので、君は宗演《そうえん》和尚の鉗鎚《けんつい》を受けることとなった。暫く大学に来た事もあったが、全然雲水同様にして苦修錬磨した」（「『禅と日本文化』序」一九四〇年／『西田幾多郎随筆集』頁六九）。

この文章は大拙のおもむきをさらに次のように描いていますが、「剽軽《ひょうきん》な羅漢《らかん》のような顔をしている気楽そうな男」という『門』の描写も、おそらく、こういう、飄々淡々とした大拙の脱俗的風骨を捉えたものだったのでしょう。

屢々堪え難き人事に遭遇して、困る困るとはいっているが、何処《どこ》か淡々としていつも行雲《こううん》流水《りゅうすい》の趣を存して居る。（頁七〇）

大拙の見性体験

しかし、傍目にはこのように見えた大拙でしたが、必死で公案にとりくんでいた当の本人の心のなかは、とても「気楽」どころではなかったはずです。大拙自身は当時のことをふりかえって、こう書いています。「今から五十年前に坐禅と云ふものを習ひ始めた。隻手の声とか無字と云ふような公案を課せられて、骨を折つた」（『禅思想史研究第二』序、一九四八年。全集二―頁三）。

具体的には、はじめ洪川老師から「隻手音声」を授けられ、洪川老師遷化の後、宗演老師からあらためて「趙州無字」を課せられて参禅をつづけたという経緯でした。晩年の回想のなかで大拙は次のように語っています。

洪川老師が机の上から手を出して〝さあ聞いたか〟といわれたのを、いまに憶えておる。隻手の音声を聞いたか――〈両掌相打って音声《おんじょう》あり、隻手に何の音声かある〉というわけだ。しかし、そのころはなにも分からなかった。ただ老師の生きた人格に接して、ありがたいと思ったというだけだったな。宗演老師になってからだ、公案が〝隻手〟から〝無

字〟に変わって、今から考えてみても、ただもう無中《ママ》になって参禅をした。……（『世界の禅者──鈴木大拙の生涯』頁一三九）

大拙は明治三〇年（一八九七）、宗演老師の後押しを得て単身渡米しますが、その出発の前年の暮れ、宗演老師のもとでの参禅もこれが最後と思いきわめた大拙は、命がけで「無字」にとりくみ、ついに「見性《けんしょう》」（本来の自己を如実に徹見すること）の体験に至りました。

〝無字〟で一所懸命だったわけだ。富士見亭で夜坐をした話は前にしたな。舎利殿の中でも坐ったな。その裏に洞穴があるわい。開山仏光国師の坐禅の跡という、続灯庵の裏のほうだ。あそこへも行って独りで坐ったわい。そんなことで、アメリカに行く前の年の臘八の摂心に、〝これだ！〟ということがあったわけだ。……（同前、頁一四〇）

旧暦一二月のことを「臘月《ろうげつ》」といいます。したがって「臘八」（ろうはつ・ろうはち）は一二月八日のことですが、釈尊がこの日に悟りを開いて「成道《じょうどう》」したとされていることから、禅院では、一日から八日まで、通常の行事を停止し、昼夜を問わず、ぶっつづけで坐禅に励むのだそうです。それを「臘八摂心《ろうはつせっしん》」といいますが、大拙はそこでついに「これだ！」という体験を得たのでした。

その内実を、大拙はのちにアメリカから西田に書き送った手紙のなかで次のように記しています（明治三五・一九〇二年九月二三日付）。日本語の手紙ですが、訓読調の難しい表現がつづきますので、まず意訳からお示しします。

これ（ウィリアム・ジェイムズの『宗教的経験の諸相』という書物）にちなんで思い起こすのは、かつて鎌倉にいた時のことだ。ある夜、所定の坐禅を終えて禅堂を下がり、月明かりに照らされながら、木立ちのなかを通り過ぎ、帰源院にもどろうと山門の近くまで下りてきたところ、突如、自分自身を忘れ去った。いや、まったく忘れ去ったのでもなかったようだが、しかし、月明りのなか、木々の影がいりまじりながらくっきり地面に写し出されているさまは、あたかも一枚の絵のごとくであり、自分自身がその絵のなかの人となって、木と我の間に何ら区別なく、木が我であり、我が木であって、「本来の面目」がそこにありありとあるという気持ちがした。やがて帰源院に帰りついた後も、胸のなかはさっぱりとして、わずかのわだかまりも滞りもなく、何となく喜びの気持ちに満たされていた。その時の心境を、今、一つひとつ言葉で言い表すのは難しいが、近頃、ジェイムズの本を読んで、自分の心境がそのままに描き出されているような気持ちがし、数年来なかった命の洗濯をした。……

【資料54】之《これ》に突《つ》き思ひ起すは、予《よ》の嘗《かつ》て鎌倉に在りし時、一夜期定《ごじょう》の坐禅を了《お》へ、禅堂を下り、月明に乗じて樹立《こだち》の中を過ぎ帰源院《きげんいん》の庵居《あんきょ》に帰らんとして山門《さんもん》近く下り来るとき、忽《こつ》然《ねん》として自《みずか》らをわする、否《いな》、全く忘れたるにはあらざりしが如し、されど月のあかきに樹影参差《しんし》して地に印せるの状、宛然《えんぜん》画の如く、自ら其《その》画中の人となりて、樹《き》と吾《われ》との間に何の区別もなく、樹是《これ》吾れ、吾れ是《こ》れ樹、本来《ほんらい》の面目《めんもく》、歴然《れきねん》たる思《おもい》ありき、やがて庵《いおり》に帰りて後も胸中釈然《しゃくぜん》として少しも凝滞《ぎょうたい》なく、何となく歓喜の情に充《み》つ、当時の心状今《いま》一々言詮《ごんせん》し難し、頃日《けいじつ》ゼームス氏の書を読むに至りて、予の境涯を其まゝに描かれたる心地《ここち》し、数年来なき命の洗濯したり、……（西村恵信編『西田幾多郎宛・鈴木大拙書簡』岩波書店、二〇〇四年、頁九四／全集新版三六―頁二二一／ふりがなは、すべて引用者による追加）

「ひじ、外に曲がらず」

かくしてみごと「無字」の公案を突破した大拙でしたが、西田同様、その体験に満足することはできなかったようです。晩年の回想では、この時の思い出の語りくちが、次のように変っています。

〝これで何年来の胸のつかえがおりた〟という感もなかったわけではないが、一方また〝これでまったくいい〟ということもなかった。このときはまあ無我無中〔ママ〕のようなものだ。

西田（幾多郎博士）も書いていたな。〈無字を許さる、されども余甚だ喜ばず〉というのだったかな。その人の性格にもよるが、わしもこのとき喜ぶということも特別なかったようだ。（秋月龍珉『世界の禅者――鈴木大拙の生涯』頁一四一）

あれほど深く味わったはずの「無字」の感激が、なぜ、このようなひややかな言い方に変わってしまったのでしょうか？　歳月とともに、若き日の新鮮な体験も、すっかり色あせていったのでしょうか？

いや、そうではありません。それは大拙が十余年にわたる滞米中、さらに次のような直観を得て、独自の思想の深化をとげたためでした。

アメリカに渡る前の年の臘八の摂心で、まあ〝これだ〟ということがあったわけだが、そのときはまだ、無我無中《〔ママ〕》のようなものだった、というてよい。アメリカへ行ってラサールで何かを考えていたときに、〈ひじ、外に曲がらず〉という一句を見て、ふっと何か分かったような気がした。〝うん、これで分かるわい。なあるほど、至極あたりまえのことなんだな。なんの造作もないことなんだ。そうだ、ひじは曲がらんでもよいわけだ、不自由（必然）が自由なんだ〟と悟った。……（『世界の禅者』頁一四九）

「ひじ、外に曲がらず」の原文は「臂膊《ひはく》、外に向かいて曲らず（臂膊不向外曲）」で、『碧巌録』その他の禅籍に見えます。慧可断臂《えかだんぴ》の話の時にも言いましたが、「臂」はウデのことで、これをヒジの意に使うのは日本語のみの用法です。中国語としては「ウデは内にまがるもの（胳膊總是要往裏彎）」といった俗諺と同じく、人はしょせん、外の他人よりも自分の身内を庇うものだ、という意味です。

しかし、日本の禅門では伝統的にこのことばを——ヒジが内側にしか曲がらぬように——すべてはありのままにして且つあるべきようにあるといった意に解してきました。大拙もむろんそうした理解をひきついでおり、そこから「なあるほど、至極あたりまえのことなんだな」「そうだ、ひじは曲がらんでもよいわけだ、不自由（必然）が自由なんだ」という、直観と確信を得たのでした（芳澤勝弘「ひじ、外にまがらず」参照。『禅文化』第一五九号、一九九六年一月）。

大拙はつづけて語ります。

あの句はたしか『槐安国語』にあったかな。日本にいたとき洪川老師の講座で聞いたことがあったが、そのときは、なぜこんなあたりまえのことをいうのか、と不思議に思っただけでなんでもなく過ぎたが、アメリカではっきり分かった。それからは何を読んでもはっきりするわい。今までとはまったく別の境涯が出て来たわけだ。たぶんそのころ本を読んで、問題にしていた〝意志の自由と必然〟というようなことが、考えのきっかけであったろう。ネセスィティ（necessity）とフリーダム（freedom）の問題というか、そのころウィリアム・ゼームスなどが、しきりにそんなことを問題にしていた。カント以来、いやもっと前からだろう、西洋にフリー・ウィル（free will）とネセスィティの議論があるな。この経験があってからだ、どうも西洋の哲学というか、論理学というか、これはだめで、やはり禅でなくては、ということがわしにはっきりしてきたのだな。森本（省念）さん式に言えば、〝無字がつぶれて〟そういう形でそのとき改めてわしの自覚に入ってきたわけだ。

（『世界の禅者』頁一四九）

「不自由＝必然＝自由」というこの直観が、後年、「般若即非」「無分別の分別」「超個と個」といった大拙独自の禅思想に結実してゆくことになります。

大拙はここで「西洋の哲学」でなく「禅」でなければならぬことが「はっきりしてきた」と語っています。しかし、右の一段をすなおに読めば、ここで語られているのは、実は伝統的な「禅」の体験だけでもだめだったのであって、そこに「西洋の哲学」から得た「自由と必然」の一致という思想の裏打ちが必要だったという経緯でしょう。アメリカから西田に送った手紙において、「無字」による見性体験をあれほど深く感動的に書き記しながら、その感動がすでにジェイムズの書物を読んだ感動と一連のものとして語られていたところにも、実はその萌芽があらわれていたのでした。

3　大拙の禅思想

即非の論理

この時の「ひじ外に曲がらず」の直観を、大拙はのちに『金剛般若経《こんごうはんにゃきょう》』の文句にもとづいて「AはAにあらず故にAなり」と定式化し、それを「即非《そくひ》の論理」あるいは「般若即非《はんにゃそくひ》の論理」と名づけています。

以下、なるべく平易な文章でお示しするために晩年の随筆から引用しますが、このような考え方が集中的に形を成していったのは、昭和十年代の後半、ちょうど太平洋戦争の時期のことでした。

不昧因果の話はまた般若即非の論理を例証するものと見てよいのです。『般若経』には到る処に「AはAにあらず故にAなり」という論理が説かれてある。「世界は世界に非ず故に世界なり」とか、「一切法は一切法にあらず故に一切法なり」とか、「仏土荘厳は荘厳にあらず故に荘厳なり」とかいうような形で随処に出くわすのです。これを普通の言葉でいえば、白は白にあらず（黒なり）故に白である、または牡丹は牡丹でないから牡丹だ、山は山であってまた水である、水は流れずに橋はながれる、空手で槍を使う、鞍下に馬なく鞍上に人なし――このような矛盾の文字に入れ替えられるのです。これを即非の論理といっておきますが、仏教者はこれを存在の根本義と致します。（『仏教の大意』第一講「大智」、一九四七年、法蔵館、一九九九年、新装版、頁六〇）

同じことはいろいろなところでくりかえし説かれており、そして、しばしば西田の「絶対矛盾の自己同一」と重ね合わされています。

般若系の仏教では、これを「色即是空《しきそくぜくう》、空即是色《くうそくぜしき》」というのである。色は有形、空は無形、それで有が無で、無が有だという、これが般若の立場である。西田哲学の「絶対矛盾の自己同一」である。（「東洋的見方」一九六一年、上田閑照編『新編　東洋的な見方』岩波文庫、頁一一八）

「有限即無限」は「色即是空」である。……「有限即無限」のみだと、また偏して見られる心配があるので、「無限即有限」すなわち「空即是色」といっておかぬと、完璧にならぬ。この点では、仏教は周到している。「色不異空《しきふいくう》」〔色は空に異ならず〕といって、またすぐに、「空不異色《くうふいしき》」という。これで間違わぬようにとの老婆心である。（同頁一二四）

真実は消極が積極で、否定が肯定である。これを「絶対矛盾の自己同一」というのである。否定そのものを肯定にするはたらき、ここに東洋的なるものの神髄に触れることが可能になる。西田君の論理は実にこれを道破して遺憾なしである。「Aは非Aだから、それ故にAである」というところまで徹底しなければ、仏教およびその他の東洋的なるものの深所に手を着けるわけに行かないのである。……「空」は空空寂寂の空ではなくて、森羅万象、有耶無耶《うやむや》が雑然として、無尽に織れているところ、それが直ちに「空」の座である。これを「色即是空。空即是色」という。……自分はこれを0＝∞、すなわち「零《ゼロ》イコール無限」という。自分だけの数学の式である。「空」の世界をここに認得したい。（「自由・空・只今」一九六二年、同頁七一）

「山は山、水は水」

一切は空である、しかし、空は虚無非存在ということではなく、空であるがゆえにそこに一切がありありと現象しているのだという看かた、単純にいえば色⇓空⇓色という看かたです。大拙はこれを次のようにも説いています。

ある禅坊さんは次のようにもいっている。「まだ禅にはいらない前は、山は山、水は水であった。少し禅をやるようになったら、山は山でなくなり、水は水でなくなった。ところが、修行もすんだということになったら、山はまた山、水はまた水になった。」山が山でない、水が水でない時節を、一遍、通らなくてはならぬ。そうでないと、本当の山が見られぬ、水は見られぬ。『般若経』には「AはAでない、それ故に、AはAだ」というようなことが説かれている。これはアリストテレス的論理のわなにかからぬ考え方だ。ところが、物の真相にはいるには、この「矛盾」道を経過しなくてはならぬ。言葉の上で片づけないで、「体得」しなくてはならぬ、「知見」しなくてはならぬ。(「現代世界と禅の精神」一九六一年、同頁一二六)

引かれているのは、第3講でみたかの青原惟信《せいげんいしん》の語です(【資料41】参照)。大拙は「即非」の説明にあたって、しばしばこの語を引証します。「山是山、水是水」(0度)⇓「山不是山、水不是水」(180度)⇓「依前山是山、水是水」(360度)。般若経典の論理といいながら、大拙は実際にはインド由来の教理よりも、むしろ宋代禅の円環の論理をもとに「即非」を考えていたようです。

そして実際にこの論理を体現した実例として大拙が見出したのが、盤珪《ばんけい》と妙好人《みょうこうにん》でした。

盤珪と妙好人

盤珪や妙好人はいかにも自然にありのままを生きた人たちと我々には見えます。しかし、大拙はこれを絶対否定をへた、いわば「即非」のありのままを生きた人々と意味づけています。盤珪のことばはすでにいくつか見ましたので、ここでは妙好人浅原才市《あさはらさいち》（一八五一―一九三二）の例をひとつだけ見ておきましょう。

ある面から見ると、このままは、「絶対矛盾の自己同一」を事実に例証するもので、才市翁の娑婆観およびその他に、覿面《てきめん》に、それが見せつけられる。

このしゃば（娑婆）せかいから、ごくらく（極楽）に、
うまれるはやみち（早道）わ、ほかにない、
やうぱり（やっぱり）、この娑婆世界なり。
娑婆の世界も、なむあみだぶつ、
極楽の世界も、なむあみだぶつ、
ありがたいな、ありがたいな、
さいち（才市）が、このめがさゑ、
なむあみだぶつ、なむあみだぶつ。

わたしや、しやわせ、をもてもみいよ《（思うても見よ）》。
なむあみだぶにしてもらい、
浮世から、なむあびだぶで、浄土たのしむ、
なむあみだぶに、むかい〔と?〕られて、
なむあみだぶにつれていなれる。

（「このままということ」一九六三年、同頁九五）

念仏によって娑婆から極楽への往生がもたらされるのではなく、今こうして生きている娑婆の、この時、この場が、常にそのまま極楽だというのでしょう。

真空妙用

しかし、色⇓空⇓色ということなら、大拙自身の説明にもあったように「色即是空、空即是色」とか、あるいは「真空妙有《しんくうみょうう》」といった言い方で昔から説かれていたことです。そこに、なぜ、わざわざ「即非」などという新しい名前をつける必要があったのか？　それは大拙がこれを、存在や認識の論理でなく、新たな行為の論理として説こうとしたためにほかなりません。

……これが万徳を円満に具えている。万徳を直ちに万法といってよい。あるいは大用とも、

妙用ともいう。「真空妙有」ということもあるが、「真空妙用」のほうがよい。これはいずれも無限の自由だから、「軌則」を存せぬ。組織に囚えられぬ、かえって組織をつくる主人公である。（「現代世界と禅の精神」同頁一二九）

「妙用《みょうゆう》」とは、いわば自由と必然がおのずからに一致する、最も自由でかつ最も適切な行為ということでしょう。大拙はそれを「無分別《むふんべつ》の分別《ふんべつ》」ともよび、それを「大用現前《だいゆうげんぜん》、軌則《きそく》を存せず」という中国の禅語や「生きながら死人となりてなり果てて心のままにするわざぞよき」という至道無難《しどうぶなん》禅師の和歌を使って、くりかえし説明しました。

自由の本質とは何か。これをきわめて卑近な例でいえば、松は竹にならず、竹は松にならずに、各自にその位に住すること、これを松や竹の自由というのである。これを必然性だといい、そうならなくてはならぬのだというのが、普通の人々および科学者などの考え方だろうが、これは、物の有限性、あるいはこれをいわゆる客観的などいう観点から見て、そういうので、その物自体、すなわちその本性なるものから観ると、その自由性で自主的にそうなるので、何も他から牽制を受けることはないのである。これを天上天下唯我独尊《ゆいがどくそん》ともいうが、松は松として、竹は竹として、山は山として、河は河として、その拘束なきところを、自分が主人となって、働くのであるから、これが自由である。……禅語に「大《だい》用現前《ゆうげんぜん》、軌則《きそく》を存せず」という語がある。……大用というのは、物自体がその自体のごとくに作用し行動する意味である。松が竹にならぬというのは、人間の判断で、松からいえば、いらぬお世話である。松は人間の軌則や原理で生きているのではない。こういうのを自由というのである。(「自由・空・只今」、同頁六七)

松が松であり、竹が竹であり、山が山であり、水が水である。それは限界でも束縛でもなく、「空」を介して、松が松以外の何ものでもなく、竹が竹以外の何ものでもない、それが松や竹自身の「自由」なのだという論です。

ここに「不自由=必然=自由」という、かの「ひじ外に曲がらず」の直観が貫かれていることが見て取れます。「即非」とはこの直観が透徹することで、あらゆる現実の「必然」に即した「妙用」が「自由」に発揮されるという確信だったのでした。さきにみた「真空妙用」の一節に「これはいずれも無限の自由だから、〝軌則〟を存せぬ。組織に囚えられぬ、かえって組織をつくる主人公である」とあったのも、この意味です。

人《にん》

「主人公」というのは「妙用」を発揮する能動的な人格のことです。行為には当然その主体がなければなりません。昭和二〇年、すなわち敗戦の年の三月一一日、西田が大拙にあてた手紙に次のように見えます。

大拙君、一昨日は折角御出下さいましたのに最初から行き違い、それに人が来たりして十分お話もできず残念でした。私は今宗教のことをかいています。大体従来の対象論理の見方では宗教というものは考えられず、私の矛盾的自己同一の論理、即ち即非の論理でなければならないということを明にしたいと思うのです。私は即非の般若的《はんにゃてき》立場から〝人〟というものを即ち〝人格〟を出したいと思うのです。そしてそれを現実の歴史的世界と結合したいと思うのです。唯今雑誌に出すことができず誠に困ります。まだ半分位ですが、できましたら原稿か Copy かで御覧に入れたいと存じおります。君の『日本的霊性』は実に教えられます（無念即全心は面白い）。（『西田幾多郎随筆集』頁三六七／〝〟による強調は引用者）

この書簡の約三ヶ月後、西田は終戦を知ることなく世を去ります。「即非の般若的《はんにゃてき》立場から〝人〟というものを即ち〝人格〟を出したい」。これは、西田自身の問題意識であると同時に、大拙の問題意識を的確に言いとめたものでもありました。

『日本的霊性』は昭和一九年（一九四四）の末に出た書物で、その最終章にあたる第五編は「金剛経の禅」という一篇です。西田が共感を示しているのは、その三「応無所住而生其心」

の8「人」に見える「そしてこの無念がすなわち全心である」のところでしょう（角川ソフィア文庫、頁三五五）。

「応無所住」と「而生其心」

「金剛経の禅」は昭和一八年から一九年にかけて行った講演をもとにまとめ、『日本的霊性』に最終章として組み込まれたものでした。そこには「人《にん》」に関する記述がしきりに出てきます。「人」は「即非」の論理を活き活きと体現し自在に「妙用」する主体、いわば、「真空」を「体」とし「妙用」を「用」とする一個の活きた「主人公」のことです。

おそらく神会の説から着想を得たのではないかと思われますが（第1講【資料9】参照）、「金剛経の禅」は例の「応《おう》無《む》所住《しょじゅう》而《に》生《しょう》其《ご》心《しん》」の句を用い、「応無所住」を「体」、「而生其心」を「用」に配当して次のように説いています。

> この人は、行為の主体である、霊性的直覚の主人公（本来の自己、真実の自己）である。ここから「しかもその心を生ずる」のである。絶対無の場処という方に気をとられないで、はたらきの出る機《はずみ》を見得したいのである。そこに人があるのである。こういうと、またこの人といふものには、何にか手があり、脚があり、意識がある一個の個己的実体を考えるかも知れないが、そうではない。「応無所住而生其心」というように、

無所住は絶対無であり、而生其心といふのが行為の主体で、即ち人で、それがそこから飛び出して来るのである。（角川ソフィア文庫、頁三五七／全集五―頁四〇二）

この「人」という考えを打ち出した書物として、もうひとつ有名なのが『臨済の基本思想』（一九四九年）です。刊行されたのは戦後ですが、書かれたのは右と同じ頃で、昭和二〇年三月ごろのいくつかの手紙に、この本を書き上げたが出版できずにいると書かれています（昭和二〇年三月七日坂本弘宛、三月三一日西谷啓治宛）。『臨済の基本思想』で大拙は、臨済のいう「無位の真人」「無依の道人」について、次のように書いています。

臨済の「自省」は、自が自を省するので、しかもその自は始めから分れてゐないところのものなのである。霊性的自覚である。それ故に、全体作用が可能になる。臨済の言葉で云ふと、霊性は人である（「人」はすべて「にん」と発音す）。「一無位の真人」である。また「無依の道人」である。『臨済録』は、この人によりて説かれ、この人のはたらきを記録したものである。この人がわかると、この書を貫通してゐるものが攫まれる。彼はこの人を「自省」したのである。……この人は超個者であつて兼ねて個一者である。換言すると、臨済は臨済であつて、また臨済ならぬものである。般若は般若でないから般若である。人は即非の論理を生きてゐるものである。臨済はこれに撞著した。（全集三―頁三五〇／傍点、

原文）

「人」とは、「超個者であつて兼ねて個一者」たるものと説かれています。「超個者」とは普遍的で無限定な本来性の自己（「真空」「応無所住」）、「個一者」は個別具体の行為者としての現実態の自己と考えればいいでしょう（「妙用」「而生其心」）。その両者を一身のうえに統一し「即非の論理を生きてゐる」のが「人」だというわけです。

しかし『臨済の基本思想』は、この「人」という考えを自明の前提としながら唐代の禅者の言行を次々に実例として挙げてゆくだけで、「超個」と「個」の関係について、ほりさげた説明はしていません。それはおそらく、昭和一八年（一九四三）刊の『禅の思想』第二篇「禅行為」において、すでにその点を詳述していたためでしょう。両書は、文法書と会話教材のような、事実上の姉妹編になっています。

「超個」と「個」

『禅の思想』で大拙は、「超個《ちょうこ》」と「個《こ》」を、「法身《ほっしん》」と「現身《げんしん》」、「宇宙霊《うちゅうれい》」と「己霊《これい》」、「無《む》分別《ふんべつ》」と「分別《ふんべつ》」、「唯一《ゆいいつ》」と「個多《こた》」など、さまざまな用語によびかえながら、その体用関係を説いています。それは「金剛経の禅」に説かれていた「応無所住」と「而生其心」の体用関係と重なり合うものです。その関係を活きた形象として示すために『禅の思想』でも中国の禅籍から数多くの例が引かれていますが、そのなかで最も重要なのはすでに第2講でもみた雲巌と道吾の次の問答です（【資料27】参照）。

次ぎに引くところの問答は法身の一人と現身の一人とがどんな関係ではたらいて居るかを示唆するものである。これでまた、上来くど〳〵しく説いて来た宇宙霊と己霊、無分別と分別、唯一と個多など云ふ思想が、禅ではどんな風に受取られて居るかを見るに役立つであらう。

雲巌曇晟が茶を煎じて居たとき同侶の道吾が、

問、「煎与阿誰。」（誰に煎《に》てやるつもりなのだい。）

答、「有一人要。」（一人欲しいと云ふものがあるのだよ。）

問、「何不教伊自煎。」（自分で煎さしたらよいではないか。）

答、「幸有某甲在。」（わしが此に居るのでな。）

一寸見ると、何でもない日常の談話のやうである。そしてその言葉遣ひもまた何等幽玄なものを示唆するものでもないやうである。「その御茶誰れにやるのかい」。「これが欲しいと云ふものがあつてな」。「その人自身でわかすわけに行かぬのかい」。「丁度わしが此にゐるからなあ」。（全集一三―頁一六〇／漢文に付された訓点は省略）

この話を、大拙は次のように説明しています。「一人《いちにん》」が「超個」（体）、「某甲《それがし》」が「個」（用）を指していることを押さえて読むと、論旨をたどりやすいと思います。

> 一問一答これだけであるが、その中に含まれて居るものを、もつと分別知の上で評判するとかうである。「有一人要」と云ふ此一人は、自分では茶を沸かすわけに行かぬのだ、また一人だけでは茶を要することもないのだ。「幸有某甲在」と云ふ某甲があるので、その手を通して茶が煮られる、而してさきに茶を要すると云つた一人も亦此某甲を通して要意識がはたらくのである。一人と某甲とは分別性の個多の世界に居るのではない。が、要と云ふはたらき、煮ると云ふはたらきは、某甲のゐる分別又は個多の世界でなくては現実化せぬ。要るも煮るも現実の個多の世界で始めて云へることだが、そのうらに一人がなくては現実も現実でない、個多もその個多性を維持できぬ。一人は自分だけでは煮ることをしない、或は出来ないと云つてもよい、どうしても某甲でないといけない。某甲も某甲だけでは要も煎もないのである。それだと云つて、一人が某甲を包んで居るでもない、またその上に居るでもない。某甲も一人を自分の中に入れて居るでもなく、自分が即ちそれだと云ふでもない。一人と某甲とは両両相対して居て、而かも回互性・自己同一性を失はぬのである。（同前／傍点原文。漢文に付された訓点は省略）

4　禅と近代文明

大拙の体用論

以上の内容をつなぎあわせると、初期禅における神会の体用論（「応無所住」と「而生其心」）、唐代の石頭系の禅における本来性の自己と現実態の自己の探究（「渠」と「我」）、そして宋代禅の円環の論理（「山是山、水是水」⇒「山不是山、水不是水」⇒「依前山是山、水是水」）、それらを歴史上の時代差や法系の差を捨象して一つの現在形の思想に統合しながら大拙が考えていたのが、次のような体用関係だったことがわかります。

《体》「一人」―「超個」「法身」「宇宙霊」「無分別」「唯一」―「応無所住」―「真空」
《用》「某甲」―「個」「現身」「己霊」「分別」「個多」―「而生其心」―「妙用」

では、大拙はこのような考えによって、何を目指していたのでしょうか？

『禅の思想』第二篇「禅行為」の次の一段に、大拙の企図をうかがうことができます。〔1〕～〔4〕の番号は、後の説明の便宜のためにここで仮に付したものです。もし難しかったら、いったん跳ばして引用の後から読んでください。

〔1〕禅窮極の経験事実は、論理的に見て、無知の知、無分別の分別と云ふ形で出来て居ると云ふと、禅は只それだけのことで、その中から倫理も宗教も出てこぬやうに思はれもしよう。実際そんな考を持つて居るものもある。例へば宋儒の如きはそれである。日常の行事を規定するものが禅にないとか、高遠な論理はあつても、卑近の生活は只それだけでは動かないとか云ふ批評はよく耳にするところである。或る点ではそれもさうだと云へる、その実は決してさうではないのであるが。

〔2〕それは何故かと問ふに、禅はどうしても知識人でないといけないやうに考へられる。学問のないもので禅者となつたものもあるにはあるが、而して学問は時によると却て禅の了得を妨げると云はれもするが、事実上修禅は知識のあるものの方がよい。元来何事によらず、思想の背景がないと、視野が狭くなり、信仰が衰萎し、人間が偏枯になつて、世間の役に立たぬ、又それでは自分をも十分に救はれたとは云はれぬ。宗教は信だ、知識は不要だと云ふかも知れぬが、事実はさうでない。知識・思想・反省は、何につけても人間としては欠いてはならぬ。

〔3〕禅は無分別の分別を宗となすと云ふのは只論理の上の事ではないのである。禅は実に用を離れては何もないのである。無分別の分別は行を意味する、行の論理である、即ち禅は用の論理である。大機大用のないところには禅はないのである。謎見たいなことばか

りが禅であり、無知の知を云はぬと、禅は成り立たぬと思ふのは、大なる間違である。禅は揚眉瞬目、咳唾掉臂、屙屎送尿のところにありとすれば、天下国家を料理するところは云ふに及ばず、各〻その職域を守りてその務めを果すところにも亦ありと云はねばならぬ。即ち政治の上にも、社会生活の上にも、民族相互の交渉にも亦禅ありと云ふべきである。〔4〕但〻禅は一一の個化した事象につきて、一定の理論・思想・指導方針を持つて居ると云ふのではない。一定の所与の事件を処理するに当りては、当局の人各〻その分別智によりて意見を異にすることはあり得る。禅の寄与するところは、是等分別の思想を働かす原理だけなのである。此原理を無功用又は無功徳と云ふのである。知の上で云ふときは、無知の知又は無分別の分別であるが、行の上では無功徳の功徳、無用の用である。（全集一三―頁九七／傍点、原文）

解りにくい文章ですが、各段の論旨を単純化するとこうなります。

〔1〕「禅」は単に「無知の知、無分別の分別」にとどまるものではない。
〔2〕したがって、「禅」を修める者には「知識・思想・反省」が必要である。
〔3〕「禅」の「無分別の分別」は現代の実社会に対して有効である。
〔4〕「無分別の分別」は現代社会の運営に必要な諸「分別」をよく機能させる「原理」だ

からである。

ぜんぜん解りやすくなったように見えないと言われそうですが、これを、さらに次のように並べ替えてみたらどうでしょうか。

〔1〕「禅」は単に「無知の知、無分別の分別」にとどまるものではない。

〔3〕「禅」の「無分別の分別」は現代の実社会に対して有効である。

〔4〕「無分別の分別」は現代社会の運営に必要な諸「分別」をよく機能させる「原理」だからである。

〔2〕したがって、「禅」を修める者には「知識・思想・反省」が必要である。

こうしてみると、大拙が考えていたのが、さきの体用関係と重なりあう、次のような関係であったことがわかります。

《体》　禅　　　　「無分別の分別」　「原理」
《用》　近代文明　「分別」　　　　　「知識・思想・反省」

唐代の禅者は、現実態というものを、茶をいれるとか、掃き掃除をするとか、歩いて川を渡るとか、そういった日常の起居動作の範囲で考えていました。しかし、激動の二〇世紀ともなると、問題はもはやそんな範囲にはおさまりません。大拙において現実態は「天下国家」「政治」「社会生活」「民族相互の交渉」という社会的・世界的規模にまでひろがり、そこでの「妙用」には近代的な「知識・思想・反省」との連動が必須となっていました。

それゆえ大拙は、初期の著作から一貫して、西洋近代の知性を学ぶことの必要性・重要性を説いてやみませんでした。たとえば『禅の思想』と同じく昭和一八年に出た『宗教経験の事実―庄松底を題材として』という書物でも、戦時中にもかかわらず、「八紘一宇」への批判とともに次のように断言しています。

「八紘為宇」を、政治的に、帝国主義的に、また所謂る個人主義的に解して、それでわが日本の国柄の土台及びその行動を規定せんとする人ゝほど危険な思想の所有者はない。彼等は二元論者である。……此の精神〔〝自然に随順する〟という東洋の民族精神〕の正当な宣揚とは、只ゝの「随順」主義でなく、「随順」と共に、西洋的・科学的理智と批判とを兼備したものとの義である。……（全集一〇―頁八一／〔　〕内は引用者）。

「西洋的・科学的理智と批判」がさきの「知識・思想・反省」と同義であることはいうまでも

ありません。

「空虚」ゆえの「根底」——日本文化の特性

しかし、固定的で偏狭な日本精神を主とし「西洋的・科学的理智と批判」を単に道具として使うという和魂洋才ふうの折衷論は、大拙の採るところではありませんでした。昭和一三年（一九三八）に京都帝大でおこなった「日本文化の問題」という講演の第二講で、西田は次のように述べています。これは西田自身の立場の表明であると同時に、大拙の立場をもよく代弁しているように思われます。

それに就いて一番普通の考え方は、日本精神で西洋文化を消化して行こうと云ふのだが、これはどんなものかと云うと、つまり昔の和魂洋才という言語で表わされる態度に似たものである。つまりそういう人は、日本精神という特別なものがあり——私も無いとは云わぬ、エリオットの云う様な意味の伝統が有る事は否定できない——それを中心として外国文化を纏め綜合しようとするのである。丁度蓑虫が葉を集めて自分の周りに巻く（笑声）という風なやり方で行こうとするのである。之は最も浅薄なよくない考え方と思う。（「日本文化の問題〈講演版〉」第二講、『エッセンシャル・ニシダ　国の巻　西田幾多郎日本論集』書肆心水、二〇〇七年、頁三〇）。

では、どうするのか？　西田は同じ講演で、次のようなおもしろい比喩を語っています。

元来歴史の動きには色々ある。人間が発展するのにも色々な道があるのではなかろうか。私は今動物の例で云ってみるが、例えば哺乳動物には色々な種があるが、何か哺乳動物としての原型がある。ゲーテが「原植物」といった様に「原動物」があり、それが分化してメタモルフォゼをするのだと云える。その原型がどんなものかということは分らないが、兎《と》に角《かく》一つの型があり、それが種々に発展して行くのである。例えばジラフというのは一番頸《くび》の長い動物で、同じ哺乳動物でも鯨には殆んど頸《くび》が無い（笑声）。ところが動物学者の説く所によれば頸《くび》の骨の数は哺乳動物では定まってい、両方共同数である（笑声）。原型がどんなものか分らないがそれが分れて発達したものと考えられる。発達とはかく特殊化したものに他ならない。
私はどうも人間について「原文化」を考えたい。……東洋のものがどの位のものかと云う事は今は云えない。それを研究するのは今日我々に課せられた大きな仕事である。併《しか》し東洋が発達して西洋がその内に入って了《しま》うのでも又その逆でもない。又東洋と西洋とが全く離ればなれだと云うのでもなく、謂わば一つの木の二つの枝なのである。二つに分れて居るがその根底に於て結びつき相《あい》補うのである。一層深い根底を見出さねば東洋と西洋とが

一つになった世界文化は考えられないのである。（同頁三五）

くびの長いキリンとくびの無いクジラ、一見、両極端のようでありながら、くびの骨の数は同じ。そこから西田は、個々の動物に分れる前の共通の始原としての「原動物」というものを考えます。全一にして無限定な形而上の普遍性から、それぞれの客観的条件にしたがって個々の姿をもった形而下の動物が種々分化してゆくというイメージです。

このイメージを文化の問題にもあてはめ、東洋と西洋、伝統と近代、それらを異型の物どうしをノリで無理やり貼りあわせるのでなく、「根底」なるその無限定な「原文化」にたちかえって、対立を包摂し止揚して、高次の「世界文明」を構想しなければならないという意見です。ここまでは「超個」と「個」、「真空」と『妙用』、「応無所住」と「而生其心」などの関係に似ており、話は難しくありません。ああ、この無限定で無定形な「根底」というのが禅の「無」にあたるのだな、そう容易に推測することができます。

しかし、話はそれで終わりません。最終の第三講にいたって、この講演は次のように結ばれます。

斯様《かよう》に色々歴史的世界の考え方が違うが私は原型を考えてそれで色々の型を考えて行こうと思う。そこで今迄は世界の色々な文化は割に無関係で動いて来たが、今日では世界がレアールになった。それでどう動いて行かねばならぬかというに、文化の原型的に一つに結び附いて行く、これが文化の行く先であるのではないかと思う。

そこで日本文化について少し考えてみると、嚮《さき》に云った様に日本文化はベルグソンの時の様なもので特色附けられる。所謂《いわゆる》形のない文化、芸術で云えば音楽的な文化である。だからこれ迄色々の外国文化を採り入れて来た。こちらに固定した文化を有《も》っていれば他の文化を自分の文化にするか、他の文化から壊されるかのどちらかであるが、日本文化は次々に外国文化をそのまま採り入れて自分が又変って行くところに特長を有《も》ち、種々の文化を綜合して行く、そこに日本文化の優秀な所以《ゆえん》がある。併《しか》し又同時にそれは悪く云えば自分のものを有《も》たないと云う弱点がある。何か内容にあらわそうとするとシムボルの様なものになり、無内容となりノミナリズムとなる。固定した内容のない所に特色を有してい乍《なが》ら、そのために悪くすれば又空疎となる。それで日本文化が世界史的になるのは、凡《すべ》ての文化をまとめて行き一つの新しい大きな綜合的文化を作って行く所にあるのではないかと思う、――ここに非常なフレキシビリティを有《も》っているわけである。（第三講、同頁四三）

「固定した内容のない所に特色を有」する「日本文化」――「悪く云えば自分のものを有《も》たない」「悪くすれば又空疎となる」「日本文化」――それが、そのようであるからこそ逆に「世界文化」を成立せしめる無限定の「根底」たりうるという論です。

「文明社会への対抗原理」としての「禅」

かつて漱石は「現代日本の開化」（明治四四年）という有名な講演で、「外発」の近代に追い立てられながら「皮相上滑り《ひそううわすべ》の開化」をやってゆく日本を自嘲し、自嘲しながらもそうやってゆくほかない自分たちの苦衷を語りました（三好行雄編『漱石文明論集』岩波文庫、頁三四）。

そのなかで漱石先生はこう言っています、「こういう開化の影響を受ける国民はどこかに空虚の感がなければなりません。またどこかに不満と不安を懐《いだ》かなければなりません。それをあたかもこの開化が内発的ででもあるかの如き顔をして得意でいる人のあるのは宜《よろ》しくない。それはよほどハイカラです、宜しくない。虚偽でもある、軽薄でもある」（頁三三、傍点引用者）。もうひとつの有名な講演「私の個人主義」（大正四年）で、西洋の「受売《うけうり》」の「他人本位」でなく「自己本位」に立たねばならぬと説かれたことも、おそらく同様の趣旨でしょう（同頁一一四）。

漱石が「文明社会への対抗原理」を強化するために禅のことばを漢詩のなかに詠みこんでいった、という齋藤先生のご指摘を前にみました。それを読んで以来、私は、この「文明社会への対抗原理」としての「禅」、ということを、文芸の領域から哲学や宗教の領域に移して深化させたのが西田や大拙の論だったのではないかと想像するようになりました。

右に引いた西田の結論やさきの大拙の体用論は、いわば、漱石のいう「空虚の感」を禅によってとらえかえし、空虚なればこそ逆に一切を包摂し止揚し、それらをはたらかせる原理となりうる、そう反転したものと私には見えます。そうした「禅」ないし「無」による東西文化の止揚が、無国籍なコスモポリタニズムやグローバリズムに向かわず、逆に「日本」の特殊性――反転された優位性――の主張に結びついていったのは、明治に生まれ育った知識人としては、むしろ当然であったかもしれません。

齋藤先生は同書の別の箇所で「漱石は、閑適を西洋への、あるいは文明への対抗原理として取り出そうとした」(『漢文脈と近代日本』頁二二五、傍点引用者)といわれ、またすこしく文脈は異なりますが、「西洋に対抗する原理としての東洋」(頁二二二、傍点原文)という表現も使っておられます。近代の日本にとって「文明社会」は事実上「西洋」と同義であり、「文明社会＝西洋」に対する「対抗原理」として考えられたものである以上、「閑適」やそれの深化である「禅」は、その対極としての――人文地理上の実勢としてでなく、非「西洋」・反「西洋」という観念としての――「東洋」ないし「日本」と結びつくことが、必然だったのではないでしょうか。西田や大拙のいう「東洋」が内部の文化的多様性を捨象した単一の表象となり、同じく単一的表象となった「日本」と事実上の同義語となっているのも、そのためではないかと思われます。

外に向けては西洋列強諸国に対抗して独自の価値と地位の承認を要求しつつ(それは宗演老師のシカゴ行以来の悲願でした)、内においては、「空虚の感」を反転した根拠とすることで「外発」の西洋近代による「不満と不安」を克服し「自己本位」を回復する——それが近代「日本」の知識人における「文明社会（＝西洋）への対抗原理」としての「禅」、ということではなかったでしょうか。少なくとも「無心」「無念」をキイ・ワードとして「禅と日本文化」を語った大拙に、そのような気持ちがあったことは確かなように思われます。「真空」を「体」とし西洋近代文明を「妙用」とするさきの体用論も、伝統と近代、日本と西洋の矛盾に対して、構造的な理論でなく、一瞬一瞬の行為においてその矛盾を統一する「人《にん》」——反転せる「空虚の感」に立脚した無定形で動的な「自己本位」——を打ち出したもの、そう解することができるのではないでしょうか。

大拙や西田の日本論が、国内に向けては偏狭な国粋的日本精神への批判でありながら、後世、二〇世紀が終わろうとする一九九〇年代には、普遍的であるはずの「禅」を特権的に「日本」にむすびつけた禅ナショナリズムだとアメリカの研究者たちから指弾されるようになったのも、彼らが抱えていたこうした多層的な課題に由来するものだったのではないかと思われます。

5　大智と大悲

「悲即智、智即悲」

しかし、戦争という歪んだ近代文明が圧倒的に進行してゆくなか、自由と必然は、大拙が考えたようにおのずと一致はしてくれませんでした。『禅の思想』のなかには、いささか唐突な感じで、次のような悲痛な語調の一段がはさまっています。

国のために死んだと云ふ、人のために身を殺したと云ふ。超個者自身の側からすれば——そんなことが云はれるなら——それは問題にならぬことである。それから個者の心に動いて居る超個的意志からも、それは当然の事件で、何も彼是云ふべきでない。当事者は固よりの事、その集団所属の他の人〻から見ても、身を殺して仁を成すは、固よりしかあるべき事で、何もそれがために悲しむ要は少しもないのである。併し人間はこんな実例を見ると、手を叩いて喜ぶことをせぬ、頭を垂れて泣く。何のために泣くのか。人間仲間には悲壮と云ふ言葉がある。論理的矛盾は行為的には悲壮である、又は義烈である。こんな言葉の聞かれる限り、人間は個であり、自由であり、創造的である。
封建時代には義理と人情と云つた。人情は個所属であり、義理は超個者である。今日では又別の言葉を使ふであらう。言葉は時代で違ふが、行為的矛盾即ち悲劇は永遠に相続する。人間は泣くために生れたと云つてよい。又これを人間の業とも云ふ。（全集一三—頁一〇〇）

ここでの「超個」と「個」の語義は、さきほどまで見ていたのとはまったく違ったものになっています。ここで説かれているのは、普遍と個別の体用論的相即でも、自由と必然を統一する躍動的な主人公でもありません。ここにおいて「超個」は全体主義・軍国主義の、「個」は個人の生命や尊厳の、それぞれ隠喩となっています。大拙がここで語っているのは、「超個」による「個」の圧殺という不条理な現実と、「人間は泣くために生れた」という悲嘆にほかなりません。

即非の論理の限界を、大拙自身もおそらく痛感せざるをえなかったのでしょう。敗戦の直前、浄土信仰について語った諸論と「金剛経の禅」をあわせて『日本的霊性』一書としたのは、上述のような禅思想をそれ自身で完結させず、それを「大悲」のこころと表裏一体のものとして示そうとしたためではなかったでしょうか。「金剛経の禅」は六「禅概観」7「四弘誓願」の、次のような文章でむすばれています。

ここで一言しておきたいことは、禅者は往々に大慈大悲という心持ちを忘れることがある。何かというと彼らは「四弘誓願《しぐせいがん》」を誦する。が、それが実践には余り気にかけて居ないところがある。

衆生無辺誓願度。〔衆生は無辺なれど誓願して度せん。
煩悩無尽誓願断。　煩悩は無尽なれど誓願して断ぜん。

法門無量誓願学。　　法門は無量なれど誓願して学ばん。
仏道無上誓願成。　　仏道は無上なれども誓願して成ぜん。〕

これは誠に結構な文句である。こうなくてはならぬのである。が、現実では知的方面が余りに強調せられて、悲的方面がすこぶる閑却せられる。「一無位の真人」、あるいは「天上天下唯我独尊」は、一面は大智で一面は大悲である。われらは文字の上から、分別上から、悲と智を分けてみるが、人そのものは、全体が悲であり智である。人の上では智が悲で、悲が智である。人の一挙一動はことごとく悲智でなくてはならぬ。……もとの木阿弥にはもとよりすべての作為性、技巧性はないが、その自然法爾《じねんほうに》底には無限の大悲がある、無尽の誓願がある。日本的霊性的生涯の究竟も亦ここに在る。日本民族性の特徴の一つは、その情性に富んで居ることである。ただこれが感性的に働くだけではいけない。一たびは霊性の洗礼を受けなければならぬ。超個の霊性から動く情性において始めて天下を光被する可能性の発展を見るのである。……（『日本的霊性』角川ソフィア文庫、頁四二八／〔　〕内は文庫本の注記）

……衆生無辺誓願度は、分別の上で、他人の苦しみ、自分の苦しみというように分けて感ずるのでなくして、存在一般の苦しみ、世界苦、あるいは宇宙苦というようなものに対しての大悲の動きである。宇宙苦を見るのは大智であるが、それからの離脱は大悲の能動で可能になる。「見る」ということは、ただ見るということでなくして、脱離の大悲が動いて始めて見ることが出来るのである。ただ見るということは有り得ない。見ることは見ようとすることがあるからである。それが大悲である。大悲が先で大智は後であるといってもよい。しかしこれは話の順序をいうので、事実経験の上では、悲即智《ひそくち》、智即悲《ちそくひ》で、同時同処に動くのである。それ故、大智があるところに大悲があり、大悲のある処に大智がまたあるわけである。

至道無難禅師の歌に、

逆《さかさ》まに横すぢかひに飛ぶときはわがものならぬわがもののもなし

というのがある。親鸞聖人の横超を思い出させる句である。初めの句は往相で、下の句は還相である。往還回互性が全うせられて、悲智円満の菩薩行〔慈悲と智慧が完全に備わった菩薩の利他行〕が可能になる。日本的霊性も窮極において、この方向性を指すものである。

(同頁四三〇／〔　〕内は文庫本の注記)

「衆生無辺誓願度」の祈り

右の一段を読むと、大拙にとって「衆生無辺誓願度」とは、上から救いを垂れる救済者意識のようなものではなく、「存在一般の苦しみ、世界苦、あるいは宇宙苦というようなもの」、それに対する切実な共感と透徹した観察からはたらき出てくる、やむにやまれぬ祈りの心のようなものだったのだと感じないではいられません。大拙が「大悲」というとき、それは「抜苦与《ばっくよ》楽《らく》」（衆生の苦を抜き衆生に楽を与える）などという、いわゆる「上から目線」の教理学的定義とは別次元の、文字どおりの「大いなる悲しみ」という意味だったのではないでしょうか。「空虚」でなく無限の「大慈」を根底としてはたらく「大智」、「大慈」と「大悲」を常に表裏一体として「衆生無辺誓願度」を行為する「人《にん》」——右の一段はそのまま『日本的霊性』一書のむすびでもあり、大拙の思想の結論でもありました。

しかし、結論ではありましたが、終点ではありませんでした。西田は敗戦の年に亡くなりましたが、大拙はそのあとさらに二十年あまりを生き、海外と日本で、そして英語と日本語で、老骨に鞭うつように講義と著述をつづけました。昭和四十一年（一九六六）、七月一二日、九十六歳の年に世を去るまで、大拙の「大智」と「大悲」の歩みは、ひと時として倦むことがなかったのでした。

西田博士が世を去られて七十年、大拙博士の逝去からもじき半世紀になろうとしている今日、時代はすでに大きく変わりました。かれらにとっての「禅」が「外発」の西洋近代に対する「対抗原理」だったのではないかと考えてみましたが、今では、その対抗の相手であったはずの当の西洋近代のほうが液状化し、世界は「グローバリズム」という名の目まぐるしく空しい一面の無構造で流動的な広がりとなってしまいました。信ずるものや尊ぶべきものが、なんの感慨もともなわずに次々と無価値になり、その一方で、心をともなわない声高な自己主張ばかりが大手を振ってのし歩いているようです。いかなる思想をもつかではなく、いかにして思想なるものをもちうるか、さらには、思想をもつということにそもそも意味がありうるのか、そんな時代といってもいいでしょう。「他人本位」の「空虚の感」は、すでに後進国の近代化過程における一部知識人の悲哀ではなく、先進国を含む――あるいはむしろ先進国においてこそ顕著な――世界共通の感覚となっているようにも思われます。「Zen」が各地で関心をあつめているのは、もしかしたら「空虚」を反転せる根底とするという生き方に、多くの人が何らかの救いを求めようとしている無意識の現れなのかも知れません。

しかし、「空虚」に身を寄せておわるならば、それは一時の慰めか現実逃避にすぎないでしょう。もし、禅をそこでおわらせず、次の世界に踏みだす新たな力とするものがあるとしたら――それは、大拙にとって結論であると同時に起点であった、あの「大智」と「大悲」、そこにこそ見出されるのではないか、いや、かろうじてそこにしか見出しえないのではないか、わたしにはそのように感ぜられてなりません。大拙が戦時下の現実のなかでつづった「存在一般の苦しみ、世界苦、あるいは宇宙苦というようなもの」、このことばははるかな時を超えて、二一世紀の今日のことを言っているのではないか、そう感ずるのは、おそらく、わたし一人ではないと思います。

講義のあとで——読書案内

以上で全四回の講義をおわります。冒頭におことわりしたとおり、最低限の事項だけで禅宗の思想史の流れを「ざっくり」と——精密な写実画のように、ではなく、太い線で一息に描いた似顔絵のように——ご紹介する、それが今回の講義の目標でした。

いかがでしょう、そうなっていたでしょうか？

ひたすら簡明を旨として、論証なしで要点のみを次々にお話ししてきましたので、もっと詳しく知りたいと思ってくださった方、逆に、なんで一足とびにそこまで言えるのかと首をかしげられた方、そんな方には、まず次の拙作をご高覧いただけたら幸いです。

（1）『臨済録——禅の語録のことばと思想』（岩波書店・書物誕生、二〇〇八年）

（2）「禅宗の生成と発展」（『新アジア仏教史』第七巻・中国Ⅱ隋唐、第五章、佼成出版社、二〇一〇年）

（1）は『臨済録』を中心に、禅の語録の学問的読解について解説したもの。（2）は唐宋代の禅宗の歴史の概説。（1）では唐代の問答から宋代の公案への転換、二〇世紀における鈴木大拙の禅思想など、このたびの講義でもとりあげた主要な問題を、多数の原典の精読を通して考察しています。これから原典に即して禅の勉強をしてみようと思われる方には、興味をもって読んでいただけるのではないかと思います。

これらよりさらに詳しいものとしては、拙著（3）～（6）があります。いずれも原典の厳密な解読を通して――一息に描いた似顔絵のように、ではなく、細密な点描のように――禅の思想史を描き出そうとしたものです。このたびの四回の講義の内容は、基本的にこれらの書物に基づいています。

（3）『神会――敦煌文献と初期の禅宗史』（臨川書店、唐代の禅僧2、二〇〇七年）
（4）『語録のことば――唐代の禅』（禅文化研究所、二〇〇七年）
（5）『続・語録のことば――《碧巌録》と宋代の禅』（同、二〇一〇年）
（6）『語録の思想史――中国禅の研究』（岩波書店、二〇一一年）

具体的にいうと、第1講は右の（3）、第2講は（4）および（6）の第一章、第3講は

（5）および（6）の第二章、第4講は（6）の第三章の内容を、それぞれふまえています。ただし、わずかながらこれまで使っていなかった資料を引用したこと、第2講～第4講に日本の禅者（盤珪・道元・白隠）に関する考察を新規に加えたこと、そして第4講に今回新しく考えた内容を大幅に書きこんだこと、は旧著になかった点です。

以上、自分のものばかり挙げて恐縮ですが、むろん、拙著だけ読んでくだされば充分という意味ではありません。（1）（2）（3）のあとに参考文献の案内が附してありますので、それをたよりに、他の書物、とくに禅の原典に、ぜひ読書の範囲をひろげていっていただければと願います。

なお、この講義でも、右の拙著でも、唐宋代につづく元以後の禅宗史にまったくふれていません。それはそこが重要でないからではなく、ひとえに、自分の力がそこまで及ばなかったからにほかなりません。その時代については、まず次のものを読み、そのあとその巻末の参考文献を参照していただくのがよいと思います。

（7）野口善敬「元・明の仏教」（『新アジア仏教史』第八巻・中国Ⅲ宋元明清、第二章、佼成出版社、二〇一〇年）

野口先生には別に『元代禅宗史研究』の大著（禅文化研究所、二〇〇五年）があります。精緻な諸論考に加え、膨大な一次資料を整理した大部の附録（僧侶の伝記・著述一覧、仏教関係繫年資料、先行研究の詳目）が具わり、この分野の研究の不可欠の基礎となっています。

また、この講義やこれまでの拙著では、もっぱら語録のなかの禅――問答と公案の世界――を論じてきましたが、宋以後の禅宗史ないし仏教史を考えるにあたっては、もうひとつ、禅と諸宗の教義とを一体化していった思想の流れを無視することができません。それについては、最近出た（8）が有益だと思います。

（8）柳幹康『永明延寿と『宗鏡録』の研究――一心による中国仏教の再編』（法蔵館、二〇一五年）

延寿と『宗鏡録』に関する個別研究ではなく、延寿自身の伝記と後世の延寿像の増幅、『宗鏡録』の論理と思想、この書物の後世の開板・普及の歴史、等々の諸問題を通して、中国近世の仏教史の全体像を――「教禅一致」とか「禅浄双修」とかいった定義ではかたづけられない全一的な仏教の形成過程を――多角的に考察した研究です。

ほかにもこの講義でとりあげていない事柄は無数にありますが、初期から唐宋代までの禅宗史を斬新な視点から再考した挑戦的な通史として（9）、中国と日本の禅宗史を最初期から現代まで網羅的に記述した教科書的通史として（10）、中国・朝鮮・日本にわたる禅宗史の詳しい研究史として（11）、がありますので、ぜひ、それらをご参照ください。

（9）ジョン・R・マクレー『虚構ゆえの真実——新中国禅宗史』（大蔵出版、二〇一二年）
（10）伊吹敦『禅の歴史』（法蔵館、二〇〇一年）
（11）田中良昭編『禅学研究入門・第二版』（大東出版社、二〇〇六年）

今回の講義では、第2講のおわりに盤珪、第3講のおわりに道元、第4講の中間で白隠にふれています。これはさきにも言うように、以前の拙著では取り上げたことのなかったものです。この三者について、日本での歴史上の先後と関わりなく、中国禅宗の流れのなかに別個に組み込んで論じたのは、一つには、日本禅宗に関する研究が、往々、中国禅に対する理解と無関係に行われていることへの疑義の提起、もう一つは、将来、大拙博士の主著『禅思想史研究』を解読する布石とするためです。

『禅思想史研究』の構成はかわっています。第一は「盤珪禅」と題して、道元・白隠との対比のもとに盤珪の特質が論じられ、つづく第二「達摩から慧能に至る」にいたって、新出の敦煌文献をもちいた初期禅宗の研究がはじまります。「思想史」としてはいささか不可解な順序と見えますが、それは大拙が盤珪・道元・白隠の三者を、時系列上の歴史的存在としてでなく、禅思想の類型の象徴として扱い、それらを通して自らの考える禅思想を多面的な統一体として描き出そうとしたためだと思われます。いわば、『禅思想史研究』第一は、狭義の歴史研究ではなく、大拙禅思想の「教相判釈」的総論とでもいうべきものだったのです（小川「敦煌文献と盤珪―大拙の禅思想史研究」、『禅文化』第二三七号、二〇一五年七月、参照）。

それで、大拙について考えようとするならば、この主著を避けて通ることはできないのですが、全体が未完に終わり、既刊部分も没後に遺稿が編集されたところが少なくないため、その全体像の把握はきわめて困難です。そのため、今回、初期から唐宋の禅思想史をまとめた機会を利用して、盤珪・道元・白隠の三者が、中国の禅思想のドコとドウつながり、またドウ異なっているのかを、一連の流れのなかでまず自分なりに考えてみようと試みました。中国の禅思想とむすびつけて考えなければ、日本の禅者の思想的特徴を云々することはできませんし、一貫した思想史の流れのなかで考えなければ、禅思想を総体として考えようとした大拙の著述を理解することができないと感じたからです。今回の講義は、旧著の再説にとどまらず、ささやかながら、この課題に新たな一歩を踏み出したものになっています。

本書を『禅思想史講義』と名づけたのは、むろん、禅の思想史を一貫した通史として提示しようとした講義、だからですが、しかし、そこには、もうひとつ、個人的なひそかな想いがありました。それは、右のような試みによって、これを大拙博士の五十回忌（七月一二日）の記念とし、今後の大拙研究の自分なりの起点としたい、というものです。前三講に比して、第4講だけが新しい考えを詳しく語ったややいりくんだ話になっているのも、そのためです。自分としては、拙いながらも、本書全体が大拙博士の『禅思想史研究』に対するオマージュのつもりなのです。本書をお読みいただいたら、『禅思想史研究』第一のなかの次の一篇を読んでみていただけたらと願います。

（12）鈴木大拙「日本禅における三つの思想類型——道元禅、白隠禅、盤珪禅」（全集一）

この論文は道元を扱いかねたために、論としては成功していません。しかし、そのことが却って大拙の思考の独自性を考える貴重な手がかりになっています。今日の中国禅宗史研究と道元研究の水準をふまえて右の三類型を批判的に再考したものに、第3講のおわりのほうでふれた（13）の結論部分があります。これを（12）と読み比べてみられたら、ひじょうに面白いと思います。

（13）石井修道「日本達磨宗の性格」（『松ヶ岡文庫研究年報』第一六号、二〇〇二年。松ヶ岡文庫のホームページからダウンロード可）

まず唐代禅（本覚的・盤珪的）と宋代禅（始覚的・白隠的）の対比を明確にし、そのうえで、その両極を同時に乗り越えようとしたものとして道元を位置づけるという巨視的な構想は、頗る啓発と刺激に富み、今回の講義もそこから決定的な影響を受けています。

読書案内は以上ですが、最後に、本書の作成にあたって、春秋社編集長の佐藤清靖氏より、編集の実務のみならず、内容面でも多くの貴重な助言と助力を与えられたこと、さらに同社の神田明会長と澤畑吉和社長より種々の厚情と配慮を恵まれたことを、ふかい感謝とともにここに書きとめておくことをお許しください。(3)(4)(1)がつづけて出てほどなくの頃、佐藤さんからこういわれたことを、今、懐かしく思い起こします。

「別々の本になっていますが、通して読むと、そこに一貫した思想史が考えられているのがわかります。でも、正直いって、自分のように仕事で仏教書を読み慣れているものでも、これを通読するのはけっこうホネでした。どうでしょう、もっと多くの方に読んでもらえるよう、その思想史を一本のスジミチとして明示した、解りやすい入門書にまとめてみては……」

それから何年もたってしまいましたが、本書は、佐藤さんのこの一言から生まれました。

二〇一五年六月八日

小川　隆

著者略歴
小川　隆（おがわ　たかし）
1961年生。岡山市出身。1983年、駒澤大学仏教学部禅学科卒業。1990年、同大学院仏教学専攻博士課程単位取得退学。現在、駒澤大学総合教育研究部教授。博士（文学）［東京大学、2009年］。
著書に、『神会——敦煌文献と初期の禅宗史』（臨川書店、2007年）、『語録のことば——唐代の禅』（禅文化研究所、2007年）、『臨済録——禅の語録のことばと思想』（岩波書店、2008年）、『続・語録のことば——《碧巌録》と宋代の禅』（禅文化研究所、2010年）、『語録の思想史——中国禅の研究』（岩波書店、2011年／何燕生訳『語録的思想史——解析中国禅』復旦大学出版社、2015年）など。

禅思想史講義
二〇一五年七月二〇日　第一刷発行
二〇二三年五月二〇日　第五刷発行
著　者　小川　隆
発行者　小林公二
発行所　株式会社　春秋社
東京都千代田区外神田二―一八―六（〒一〇一-〇〇二一）
電話（〇三）三二五五-九六一一　振替〇〇一八〇-六-二四八六一
https://www.shunjusha.co.jp/
印刷所　萩原印刷株式会社
装　丁　伊藤滋章
定価はカバー等に表示してあります。
 ISBN978-4-393-13802-1

小川　隆

禅思想史講義

禅の興起から20世紀の鈴木大拙まで、近年の新たな知見を踏まえて、「禅の思想史」を語る画期的論考。〈禅〉はどのように変貌したのか。目からウロコの必読書。

2420円

小川　隆

禅僧たちの生涯

唐代の禅

禅僧たちの生涯に照らして、生きられた〈禅〉を描き出す。出家の機、修行の日々、やがて遷化の時……個々の人生の物語から唐代禅全体の空気を魅力的に伝える。

2640円

▼価格は税込（10%）。